Ja, ICH GRILL!
BURGER

TANJA DUSY
Ja, ICH GRILL!
BURGER
EMF
EIN BUCH DER
EDITION MICHAEL FISCHER

INHALT

1. KAPITEL: EIN BURGER AUF REISEN …

2. KAPITEL: ES MUSS NICHT IMMER(RIND-) FLEISCH SEIN …

3. KAPITEL: ES DARF RUHIG MAL GEMÜSE SEIN …

4. KAPITEL: ES MUSS NICHT IMMER BRÖT-CHEN SEIN …

SIMPLY THE **BEST!**

Wie bekomme ich den bloß unfallfrei in den Mund? Die Frage stellt sich mir jedes Mal, wenn ich vor einem dick aufgestapelten Burger mit reichlich Belag, viel Ketchup und Mayo sitze. Zugegeben, Burger sind eine echte Schweinerei, bei der man seine Esskultur einschließlich aller lockeren Manieren, wie sie beim Grillen längst gang und gäbe sind, am liebsten ganz über Bord wirft. Und an das, was man gemeinhin über gesundes Essen weiß, will man auch nicht erinnert werden. Vielleicht lieben wir gerade deshalb diese Supersize-XXL-Pakete, in denen alles auf einmal steckt, was wir normalerweise fein in Portionen geordnet auf dem Teller haben und manierlich mit Messer und Gabel verspeisen.

Burger machen einfach Spaß. Wer ab und zu seinen kulinarischen Urinstinkten hemmungslos folgt, fügt seiner Gesundheit garantiert keinen dauerhaften Schaden zu, sondern tut eher der Seele und der Laune etwas Gutes. Im Gegenteil, wer sich nicht ständig auf die Schnelle und einfach im Vorbeigehen den labbrigen Stapelmann aus der nächsten Fast-Food-Kette reinzieht, dem verheißen Burger echtes Glück: Selbst gemacht, mit richtig guten Zutaten, nach Lust und Laune zusammengestellt und immer wieder neu kombiniert, sind Burger eine Delikatesse. Und noch mehr Spaß machen sie, wenn man sie auf dem Grill zubereitet und dazu Freunde einlädt: Gemeinsam Buns, Pattys, Salate und Dressings vorbereiten, den Grill anwerfen und nach einer ordentlichen Brutzelei je nach persönlichem Geschmack die Burger zusammensetzen. Danach können alle ganz locker in die selbst konstruierten Hochbauten beißen – möge möglichst viel im eigenen Magen und nicht auf der Wiese landen!

Anleitungen, wie und womit man den ziemlich besten Burger baut, gibt es auf den folgenden Seiten: Alles wird selbst gemacht, vom Relish über Barbecuesauce bis hin zu Pommes frites und Coleslaw als Beilage, Pattys und Buns inklusive. Wir zeigen, wie perfekt auf dem offenen oder im geschlossenen Grill gelingt, was man sonst nur dem Backofen zutrauen würde. Vor allem soll das Fleisch saftig bleiben, Fisch- und Veggie-Pattys ihre Qualitäten als die großen Verführer beweisen und die Buns alles an Fluffigkeit schlagen, was man je zwischen den Zähnen hatte. Rezepte und Theorieteil sind nach dem Baukastenprinzip zusammengestellt, damit sich jeder da bedienen kann, wo es ihm am besten gefällt und wie es ihm am besten schmeckt. Dann mal ran an den Grill und die Doppeldecker!

Laguiole
SWEET HOME
PEPPER
FOR THE PURE & SIMPLE LIVING
THE NEW LIFE START FROM EVERY DAY

BEST BURGER & HOT GRILLS

Wenn Burger vom Bun bis zum Patty komplett selbst gemacht sind und dazu noch perfekt gegrillt werden, sind sie einfach unschlagbar! Hier gibt's kompaktes Burger-Wissen und wichtige Grillgeräte-Infos.

BUN

Das Oben und und das Unten zum Anfassen: Wird wie ein Brötchen gebacken und vor dem Füllen auch so durchgeschnitten. Dazwischen darf alles, was schmeckt und beim Reinbeißen den Kiefer nicht ausrenkt. Buns müssen fluffig, aber trotzdem fest sein, damit sie nicht durchweichen. Mit den Schnittflächen nach unten vorab auf den Grillrost werfen.

PATTY

Das Herzstück eines jeden Burgers: Dem Klassiker aus Rindfleisch steht Abwechslung von Schwein, Lamm und Geflügel zur Seite – egal, ob à la Steak geröstet oder als Pulled-Version durchgegart. Vegetarier bedienen sich bei Pattys aus dem Gemüseangebot, für Veganer gibt es Gutes aus Sojaprodukten. Pattys sollten saftig sein und maßvoll gewürzt werden.

KETCHUP, MAYO, SAUCEN & DRESSINGS

Nicht nur geschmacklich ein Kick: Die würzigen Tunken halten das Gefüge zusammen und machen es so richtig saftig. Am besten kombiniert man auf jedem Burger gleich zwei auf einmal.

FRISCHES

Mehr als nur Beilagen: Gemüse, in rohem Zustand, kurz angegart oder als säurespendende Pickles, passt immer und macht das Gesamtkunstwerk so gesund wie wuchtig. Der Ur-Burger nur mit Tomate, Gurke, Zwiebelringen, Salatblatt und Gewürzgurke ist gut, schreit aber nach Abwechslung.

NOCH ETWAS MEHR ...

Für Raffinessen ist immer Platz: Einfach Baconstreifen, smartes Bohnenpüree, Auberginenmus und warum nicht auch ein Spiegelei dazwischen schieben. Die Kunst des Stapelns besteht darin, Hartes und Weiches, Festes und Flüssiges so zu kombinieren, dass die Konstruktion ein Standing bekommt. Holzspieße helfen dabei mit und sehen dazu recht chic.

TIMING

Weil nur selten alles gleichzeitig auf dem Grill Platz hat: Erst überlegen, was vorbereitet werden kann, welches Teil wie schnell gar wird und womit man anfangen muss. Aber keine Panik, dabei helfen unsere Rezepte. Im Übrigen kommt es nicht auf Perfektion an, das Vergnügen zählt viel mehr!

HOMEMADE

Selbermachen macht stolz: Fleisch durchdrehen, Buns backen, Saucen und Ketchup kochen sowie Pickles einlegen klappt auch zu Hause. Da weiß man, was drin steckt – vor allem, was alles nicht. Und später das Lob der Gäste, herrlich! Wenn es doch Gekauftes sein muss, unbedingt auf Qualität achten, und Bioläden sind auch keine schlechten Adressen.

GASGRILL

Unkomplizierter geht's nicht: Keine schmutzende Kohle, kein Rauch, kein Gezündel, sofort verfügbare Hitze und ein schnell gefundener Standort. Benötigte Gasflaschen gibt es überall in der Nähe. Weitere Vorteile: Geschmackliche Neutralität, trotzdem Räucherboxeinsatz möglich, einstellbare und konstant bleibende Temperaturen, leicht zu reinigen. Ermöglicht alle Grilltechniken: direkt und indirekt, offen oder mit Haube für längere Garzeiten.

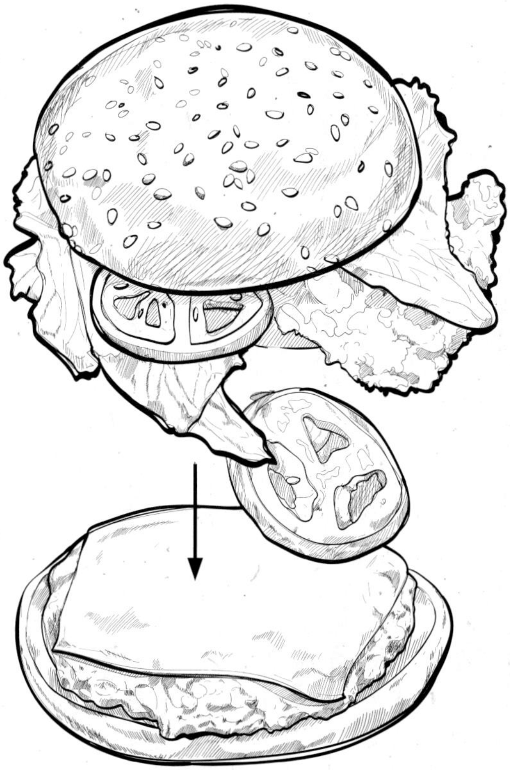

ELEKTROGRILL

Ideal für Garten, Terrasse und Balkon, eine Steckdose für den benötigten Strom vorausgesetzt – aber nicht über das Kabel stolpern! Zum Grillen in der Wohnung gibt es handliche Tischgeräte. Sehr einfach zu handhaben, sofort einsatzbereit und nachher besonders leicht zu reinigen. Erzeugt geschmacksneutrale Grillergebnisse. Empfohlene Power: nicht unter 2000 Watt. Geeignet für alle Grilltechniken wie beim Gasgrill.

HOLZKOHLEGRILL

Der Klassiker. Grundehrlich, bodenständig, an jedem Ort der Welt einsetzbar. Erzeugt die besten Aromen – und beim Blick in die Glut die schönsten Träume. Funktioniert allerdings nicht ohne eine gute Portion Holzkohle. Diverse Anzündhilfen verkürzen die Wartezeit auf die richtige Hitze. Mit und ohne Deckel, z. B. als Kugelgrill einsetzbar, für direktes und indirektes Grillen geeignet. Einsatz von Räucherspänen möglich. Wer ein (erschwingliches) Grillthermometer einsetzt, gart immer auf den Punkt.

KONTAKTGRILL

Der Freund für die Küche mit direktem Kontakt zur Steckdose. Kurz aufheizen, füllen, zuklappen, noch einmal kurz warten, fertig. Pattys und Co. werden gleichzeitig von oben und unten gegart. Die schnelle Alternative zu „echtem" Grillen. Kleiner als eine Mikrowelle.

PORTABLE

Reisefertig wie ein Kinderkoffer steht er da und sagt: Nimm mich mit! Egal, wohin. Holzkohle, Anzünder, Grillgitter – alles sauber eingepackt. Nach Ankunft aufklappen und loslegen. Ideal für nächtliche Baggersee-Events.

ZUTATEN & **GRILL-TECHNIKEN**

Welches Fleisch am besten nehmen? Oder vielleicht auch gar keins? Wie die Bestandteile eines Burgers auf dem Grill richtig gegart werden und was dazu notwendig ist, erfahren alle angehenenden Burger-Meister hier.

RIND- UND KALBFLEISCH

Man nehme für den Patty-Klassiker vom Rind zum Selberwolfen Stücke z. B. von Nacken, Schulter, Brust oder Tafelspitz. Ideal sind Mischungen aus je 50 % magerem Fleisch aus der Schulter und 50 % fetterem aus der Brust oder dem Nacken. Oder ganz edel: 50 % Tafelspitz und je 25 % Nacken und Brust. Ein bisschen Fett muss sein, sonst wird der Patty zu fest. Fertiges Hackfleisch hat im Regelfall ebenfalls einen Fettanteil von 20–30 % – am besten in Bioqualität kaufen, dann schrumpft es beim Garen deutlich geringer. Gut zu mischen mit Lamm. Das teurere Kalbfleisch ist von eleganterem Geschmack und feinerer Konsistenz. Zu empfehlen sind Teile aus Schulter und/oder Hüfte.

SCHWEINEFLEISCH

Zum Durchdrehen geeignet: Rücken, Schulter, Nacken, Bauch und die Haxen, evtl. auch Schweinehals und die etwas magerere Oberschale. Oder vom Metzger machen lassen, der hat für fetthaltige Partien die richtige Maschine. Beste Saftigkeit garantiert, aber lieber keine Kalorien zählen! Schmeckt besser und ist magerer, wenn es mit Rinderhack gemischt wurde. Reines gekauftes Schweinehack ist im Regelfall zu fett. Schwein grundsätzlich ganz durchgaren!

Wichtig: Bereits gewolftes Hackfleisch sollte noch am selben Tag zubereitet werden, vor allem wenn man es nicht vollständig (well done) durchbraten, sondern lieber „medium" oder gar „rare" gegart essen will. Ansonsten besser in Schutzatmosphäre abgepacktes Hackfleisch kaufen, das gut gekühlt länger hält.

GEFLÜGEL

Ob Hähnchen, Ente, Pute oder Gans, erlaubt ist, was schmeckt. Geflügel hat vergleichsweise wenig Kalorien. Damit Pattys aber nicht zu trocken werden, eventuell etwas Sahne oder Ei zufügen. Unbedingt beachten: Wegen der Salmonellengefahr sollte im Sommer, vor allem beim Outdoorgrillen, auf Geflügel ganz verzichtet werden. Gutes Durchgaren ist immer ein Muss. Das Wolfen muss man selbst übernehmen.

LAMM

Lammhack gibt es vor allem in Läden mit türkischem Angebot, ist aber meist sehr fetthaltig. Selberwolfen von Stücken aus Schulter, Keule oder Rücken vom Lamm ist eine gute Alternative. Wegen des kräftigen Eigengeschmacks empfiehlt sich eine Mischung mit Rind.

WILD

Warum nicht auch Pattys aus Wild? Für Burger-Liebhaber mit Anspruch auf etwas Besonderes und Lust auf Abwechslung. Sehr fettarmen Partien wahlweise grünen oder Räucherspeck vom Schwein beimischen. Wild immer sehr gut durchgaren!

FISCH

Eine echte Alternative: zu Fleisch Durchgedrehte grätenfreie Fischfilets mit Ei, Sahne und eingeweichtem Weißbrot oder Toast binden. Fisch verträgt sich gut mit exotischen Gewürzen (Curry, Kurkuma etc.) und knusprig gegrilltem Speck.

GEMÜSE, KARTOFFELN, GETREIDE, PILZE

In das Patty selbst oder obendrauf bzw. darunter darf alles, was lecker ist und so viel Festigkeit besitzt, dass es nicht gleich heruntertropft. Warum dann nicht gleich auch mit Mut und Erfindergeist neue Buns entwickeln, etwa aus großen Pilzhüten? Für Vegetarier und Veganer eröffnen sich damit ganz neue Möglichkeiten, zumal Burger ganz ohne fleischliche Zutaten zur Zeit hoch im Kurs stehen.

TOFU, REIS, NUDELN, EIER, KÄSE

Wer sagt denn, dass Buns immer aus Mehl und Pattys aus Fleisch hergestellt werden müssen? Der Experimentierlust sind keine Grenzen mehr gesetzt, wenn man sich einmal von konventionellen Burger-Vorstellungen löst und abcheckt, wie viele leckeren Alternativen es als Buns, Pattys oder ergänzende Zutaten zu entdecken gibt. Hilfreiche Anregungen finden sich in unseren Rezepten wieder.

DIREKTES GRILLEN MIT UND OHNE DECKEL

Die bewährteste Gartechnik, seit es Feuer gibt: Das Grillgut wird direkt über der Hitze gegart. Bestens geeignet zum Kurzbraten von Steaks, Würsten, Filets und anderen eher dünnen Stücken. Der glutheiße Rost brennt ein schönes Muster ein und lässt dabei die typischen Röstaromen entstehen. Auch für kleine Alufolien-Päckchen mit Gemüse und/oder Käse geeignet. Zum Nachgaren und Wiederaufwärmen. Gutes Durchgaren erwünscht? Einfach für einen kurzen Moment den Grill schließen!

INDIREKTES GRILLEN MIT DECKEL

Für alles, was etwas länger zum Garen braucht, gleichmäßig erhitzt werden soll, über direkter Hitze schnell verbrennen würde oder gar keine direkte Hitze verträgt. Also für große Stücke, ganzes Geflügel, dicke Fische, Backwerk, hartes Gemüse, in Alufolie Verpacktes und manches mehr. Die Glut so anordnen oder einstellen, dass sich die Hitze nicht direkt unter dem Grillgut befindet und nur die Umgebungsluft aufheizt. Dafür unbedingt den Deckel schließen. Eine Temperatur im unteren bis mittleren Bereich reicht voll aus. Unter das Grillgut eine mit Wasser gefüllte Abtropfschale stellen.

KOHLE & HOLZ

Eine richtige Glut entsteht nur, wenn Holzkohle verglimmt. Nur so entwickelt sich jenes einzigartige Aroma, wie man es beim Grillen liebt. Holzscheite oder andere unbedingt unbehandelte Holzstücke erzeugen ebenfalls Rauch und werden eingesetzt, wenn Flammenentwicklung mit Lagerfeueroptik gewünscht ist.

ANZÜNDHILFEN

Damit Glut und Flammen schneller in Fahrt kommen, greife man zu einem dieser Helferlein: Anzündwürfel aus gepresstem Holz und Pappe (bewährt), Holzwollebällchen (Alternative zu Würfeln), elektrische Glühspirale (der Tauchsieder stand Pate), Grillföhn (Achtung, Funkenflug!), Flüssiganzünder (Vorsicht, plötzliche Flammenentwicklung!) oder Anzündkamin (Öko-Musterknabe).

AROMA-KRAFTPROTZE

Langsam verglimmendes Holz, das in Rauch aufgeht, sorgt für den besten Geschmack, einsetzbar in Form von Sägemehl, Spänen, Chips, Chunks, Discs oder Pellets Auf die Baumart achten, die besten Aromen spendet die Buche. Außerdem angefeuchtete Kräuter, z. B. Rosmarin, Eicheln, Zapfen von Tannen, Erlen und Kiefern, Wacholderzweige und -beeren, Bucheckern und Kokos-Briketts. Man kann das Grillgut auch in durchfeuchtetes Wood Paper (Holzpapier) einrollen und direkt grillen. Mit gewässerten Wood Planks (Holzbretter) kann man Fischfilets grillen und dabei leicht räuchern.

PERFEKTE PATTYS & **GUTE GADGETS**

Vom Hack zum Patty: wie man aus Fleisch einen saftigen Burger zaubert. Alles Wichtige zum Thema Wolfen, Formen und Braten auf einen Blick – und welche Utensilien nützlich sind.

1

VOLL DURCHGEDREHT

Selbst wolfen, aber richtig (s. auch S. 10): Dazu das gut gekühlte Fleisch in ca. 15 cm lange, 4–5 cm dicke Streifen schneiden, nochmals gut kühlen und dann flott durch den Fleischwolf drehen.

2

GUT IN FORM

Die vier Möglichkeiten, das Hackfleisch perfekt in Patty-Form zu bringen: a) Burgerpresse verwenden, b) Fleischportionen (130–250 g) in einen geölten Dessertring von 10 cm Durchmesser pressen, c) das Hack zwischen Frischhaltefolie 1–2 cm dick ausrollen, dann 10 cm im Durchmesser rund ausstechen, d) Hack zu einer Kugel rollen und platt drücken.

3

IN DER RUHE LIEGT DER SAFT

Die fertigen Pattys innen etwas dünner formen als außen, damit sie sich beim Braten nicht wölben. Auf eine eingeölte Platte legen, mit Folie abdecken und mindestens 30 Minuten kühl stellen.

4

JETZT WIRD'S HEISS

Den aufgeheizten Grillrost einölen und die Pattys je nach Dicke pro Seite 2–5 Minuten grillen, evtl. einen Probepatty braten. Bei Burgern mit Käse nach dem Wenden sofort den Käse auflegen.

5

PERFEKT GEGART

Mit der angegebenen Garzeit in unseren Rezepten werden die Burger innen schön rosa. Zum Durchbraten länger auf dem Rost lassen. Die Anschaffung eines (preisgünstigen) Fleisch- oder Grillthermometers lohnt sich, damit lässt sich alles, auch größere Stücke wie z. B. für Pulled Pork, auf den gewünschten Punkt garen. Erst kurz vor dem Braten salzen und pfeffern.

6

BURGERPRESSE

Sieht aus wie ein Stempel mit Stempelkissen – perfekt, um Patties die richtige Form und nötige kompakte Konsistenz zu geben. In verschiedenen Größen erhältlich.

7

GEMÜSEKORB

Klein oder groß, rund oder eckig, ideal für Gemüse, aber auch für Fleisch geeignet: Edelstahlkob für das direkte Grillen. Vorher einfetten.

8

GRILLROSTHEBER

Manchmal muss es einfach schnell gehen, z. B. wenn bei bei indirektem Grillen ganz schnell Kohle nachgelegt werden muss oder es steht der Tausch Gitter gegen Grillplatte an – da ist es praktisch, einen Grillrostheber hals zuverlässigen Helfer zur Hand zu haben.

9

GRILLPLATTE

Wenn auf dem Grill etwas gebraten werden soll, das sich nicht für den Rost eignet, sind Grillplatten die beste Lösung. Die guten sind aus Gusseisen und haben eine glatte und eine geriffelte Seite. Vor Gebrauch gut durcherhitzen und einölen.

10

GRILLSCHALEN

Für empfindliches Grillgut meist bei indirektem Grillen gedacht. Außerdem können sie als Tropfschalen verwendet werden. Beim direkten Grillen verhindert eine Grillschale, dass Fleischsaft oder Öl in die Glut tropfen und so möglicherweise schädliche Stoffe entstehen.

11

FLEISCHWOLF

Ob handbetrieben oder elektrisch – er ist unverzichtbar, wenn man das Hack für Burger selbst herstellen möchte.

12

GRILLWENDER UND GRILLZANGE

Zum Anfassen und Wenden von allem, was in die Hitze soll oder schon heiß ist. Am besten aus solidem Edelstahl.

13

HOLZKOHLEKÖRBE

Bieten eine flexible Variante beim indirekten Grillen. Holzkohlekörbe werden mit den glühenden Kohlen oder Briketts befüllt. Vorteil: Diese Hitzequellen lassen sich bei Bedarf leicht verschieben.

14

GRILLTHERMOMETER

Um die für ein saftiges Ergebnis wichtige Kerntemperatur zu bestimmen, ist ein Grillthermometer unverzichtbar. Es gibt auch Thermometer, die die Temperatur im Innenraum eines geschlossenen Grills angeben. Beides sehr erschwinglich.

15

SPIEẞE

Aus Holz oder Metall. Holzspieße vor Benutzung etwa 2 Stunden in Wasser einweichen.

16

KOHLEZANGE

Wer will schon mit der bloßen Hand in die Nähe der Glut gelangen? Zum Nachlegen von Kohlen, Briketts oder Holz.

BAKE YOUR
OWN BUNS

GRUND-
REZEPT

Klar, fertige Burger Buns gibt's inzwischen in jedem Supermarkt zu kaufen. Aber wer einmal diese wunderbar fluffig weichen Brötchen selbst gemacht hat, wird die gekauften zukünftig links liegen lassen – zumal sie sich selbst gebacken immer wieder neu variieren lassen.

01 BURGER BUNS

DAS BRAUCHST DU

FÜR 10 STÜCK

20 g frische Hefe (½ Würfel)

2 EL Zucker

400 g Mehl (Type 550)

Salz

4 EL Milch

2 Eier (Größe M)

75 g sehr weiche Butter (richtig cremig)

1 Eiweiß

(Größe M)

TIPP

Werden weniger als 10 Buns benötigt, können die frisch gebackenen Buns nach dem Auskühlen auch eingefroren werden.

SO GEHT'S

1 Die Hefe mit 1 TL Zucker und 100 ml lauwarmem Wasser verrühren. 10–15 Minuten an einem warmem Ort gehen lassen. Das Mehl mit 1 knappen TL Salz und übrigem Zucker mischen. 80 ml Wasser mit Milch lauwarm erhitzen und mit Hefeansatz und Eiern auf kleinster Stufe mit der Küchenmaschine 3–4 Minuten verkneten. Butter zugeben und auf mittlerer Stufe unterkneten, dann weitere 5–6 Minuten auf höchster Stufe kneten.

2 Teig in eine mit Mehl ausgestreute Schüssel (möglichst eine mit Deckel nehmen für später!) zugedeckt an einem warmen Ort (mindestens Zimmertemperatur) 1 Stunde gehen lassen, dann weitere 2 Stunden in der verschlossenen Schüssel im Kühlschrank gehen lassen. Anschließend den Teig durchkneten, teilen und zu 10 etwa gleich schweren Portionen auswiegen.

3 Aus den Teigportionen mit den Fingern flache Fladen formen und zur Kugel „wirken" – d. h. den Teig ringsum in kleinen Stücken zipfelig nach innen schlagen, den nächsten Zipfel darüberlegen und so weiter. Dann die so entstandene runde Kugel wenden und auf ein mit Backpapier ausgelegtes Blech setzen (mindestens 5 cm Abstand zueinander), leicht flach drücken und 1 Stunde mit einem sauberen Geschirrtuch abgedeckt gehen lassen.

4 Den Backofen auf 200 °C (Ober-/Unterhitze) vorheizen. Das Eiweiß mit 1 EL Wasser und 2 Prisen Salz vermischen, die Teiglinge damit bestreichen und die Buns in 15–20 Minuten goldbraun backen. Sie sind fertig, wenn sie hohl klingen, wenn man von unten gegen ein Brötchen klopft. Herausnehmen, kurz abkühlen lassen, dann auf einem Kuchengitter vollständig abkühlen lassen.

1

2

3

4

COLOR YOUR BUNS

Zum Färben der Buns gibt es unterschiedliche Möglichkeiten:

- für rote Buns 3 EL Rote-Bete-Pulver und für grüne Buns 2 EL Spinatpulver (beides für Smoothies aus dem Bioladen)
- für schwarze Buns 24 g Tintenfischtinte (gibt es in Päckchen à 4 g) untermischen
- für gelbe Buns 0,1 g Safranpulver in 3 EL heißer Milch auflösen und mit dem Hefeansatz zum Mehl geben

PIMP YOUR BUNS

Wer will, kann die Buns vor dem Backen noch zusätzlich mit „Deko" bestreuen, z. B. mit: schwarzen oder hellen Sesamsamen, Schwarzkümmel, Kümmel, Getreideflocken, Leinsamen, Sonnenblumen- oder Kürbiskernen, geriebenem Parmesan, geraspeltem Emmentaler, getrockneten Kräutern (Oregano, Thymian, Rosmarin) oder sogar getrockneten Blüten (gibt's im Bioladen).

VEGAN

02 VEGANE BUNS

DAS BRAUCHST DU

FÜR 10 STÜCK

¾ Würfel Hefe (ca. 30 g)

2 ½ EL Vollrohrzucker

1 geh. TL Leinsamenmehl

250 ml Mandeldrink

40 g Kokosöl

380 g Mehl (Type 405)

Salz

2–3 EL Mandelcreme Cuisine

SO GEHT'S

1 Die Hefe in ein Schälchen bröckeln und mit 50 ml lauwarmem Wasser und ½ EL Zucker verrühren, bis sich die Hefe aufgelöst hat. Zugedeckt an einem warmen Ort 10–15 Minuten gehen lassen, bis die Hefe kräftig zu arbeiten anfängt.

2 Inzwischen das Leinsamenmehl mit 4 EL Wasser gründlich verrühren und quellen lassen. Mandeldrink lauwarm erhitzen, das Kokosöl darin schmelzen lassen und beides anschließend lauwarm abkühlen lassen. In einer Rührschüssel das Mehl mit einem knappen ¾ TL Salz und übrigem Zucker mischen. Eine Mulde eindrücken.

3 Den Mandeldrink-Fett-Mischung in die Mehlmulde gießen, etwas Mehl darüberlöffeln, dann die Hefe zugeben. Zügig mit den Knethaken des Handrührgeräts oder der Küchenmaschine zunächst auf kleinster Stufe ca. 5 Minuten kneten, bis sich alle Zutaten verbunden haben. Dann auf höchster Stufe weitere 5–6 Minuten kneten, bis sich ein feuchter, weicher, elastischer Teig gebildet hat, dabei ggf. etwas Mehl dazugeben. Der Teig ist anfangs recht weich und glänzend fettig – das ist völlig in Ordnung, auf keinen Fall zu viel Mehl zugeben.

4 Den Teig zur Kugel rollen oder mit der Teigkarte zusammenfalten und in eine leicht bemehlte Schüssel geben. Mit einem feuchten, sauberen Geschirrtuch abdecken und an einem warmen Ort 45–60 Minuten gehen lassen, bis sich das Teigvolumen verdoppelt hat.

5 Den Teig zusammenkneten oder falten, dann in 10 etwa gleich große, gleich schwere Portionen teilen. Daraus 10 runde Bällchen formen oder wirken (s. S. 14) und mit Abstand zueinander auf ein bzw. zwei mit Backpapier ausgelegte Bleche setzen und etwas flacher drücken. Mit dem feuchten Tuch abdecken und weitere 30 Minuten gehen lassen.

6 Inzwischen den Backofen auf 200 °C (Ober-/Unterhitze) vorheizen. Die gegangenen Buns mit Mandelcreme Cuisine bestreichen (nach Wunsch noch bestreuen (s. S. 15) und die Buns im heißen Ofen (Mitte) in 15–20 Minuten goldbraun backen, herausnehmen, kurz abkühlen lassen, dann auf einem Kuchengitter vollständig auskühlen lassen.

VEGGIE

03 KARTOFFEL-BUNS

DAS BRAUCHST DU

FÜR 10 STÜCK

200 g mehlig kochende Kartoffeln

Salz

200 ml Milch

½ Würfel Hefe (ca. 21 g)

2 ½ EL Zucker

600 g Mehl (Type 550)

70 g Butter

1 Ei (Größe M)

AUSSERDEM

1 Ei (Größe S) zum Bepinseln

Salz

TIPP

Wer die Buns noch mit Deko bestreuen möchte: Hier passen klein gehackte Rosmarinnadeln, getrockneter Majoran, Haselnussblättchen oder getrocknete essbare Blüten (aus dem Bioladen).

SO GEHT'S

1 Die Kartoffeln schälen und in kleine Stücke schneiden. In ausreichend Salzwasser in 15–20 Minuten weich garen, abgießen, dabei das Kochwasser auffangen. 60 ml heißes Kochwasser mit 60 ml Milch mischen, die Mischung sollte lauwarm sein, dann Hefe hineinbröckeln, mit ½ TL Zucker verrühren und, mit einem sauberen Tuch abgedeckt, an einem warmen Ort 10–15 Minuten gehen lassen.

2 Restlichen Zucker, ¾ TL Salz mit Mehl in einer Rührschüssel mischen, eine Mulde eindrücken. Die heißen Kartoffeln mit einer Gabel ganz fein zerdrücken, sodass keine Stückchen mehr vorhanden sind. Dann sofort die Butter in Stückchen zugeben und unterrühren, damit sie in der Kartoffelmasse schmilzt. Anschließend erst die restliche Milch, dann das Ei gründlich unterrühren.

3 Die Kartoffelmasse lauwarm abkühlen lassen, dann ins Mehl gießen, etwas Mehl darüberlöffeln und dann den Hefeansatz zugeben. Alles erst mit den Knethaken des Handrührgeräts oder der Küchenmaschine auf kleinster Stufe kneten, bis sich alle Zutaten verbunden haben, dabei evtl. noch etwas Kartoffelkochwasser zugeben, bis ein feuchter, weicher Teig entstanden ist. Dann den Teig weitere 5–6 Minuten auf höchster Stufe kneten. Den weichen Teig in eine leicht bemehlte Schüssel geben und, mit einem sauberen, feuchten Geschirrtuch abgedeckt, 1 Stunde an einem warmen Ort gehen lassen, bis er sein Volumen verdoppelt hat.

4 Den Teig nochmals von Hand mit ein wenig Mehl auf der Arbeitsfläche durchkneten, dann zur Kugel formen und in 10 gleich große, etwa gleich schwere Portionen teilen. Jede Portion zur Kugel wirken (s. S. 14), leicht platt drücken und mit reichlich Abstand zueinander auf ein oder zwei mit Backpapier ausgelegte Bleche verteilen. Mit einem Tuch abdecken und weitere 30–45 Minuten gehen lassen.

5 Den Backofen auf 200 °C (Ober-/Unterhitze) vorheizen. Ei mit 2 EL Wasser und 2 Prisen Salz verquirlen. Die Kartoffel-Buns damit bestreichen (nach Wunsch noch bestreuen, (s. S. 15), dann die Bleche nacheinander im heißen Ofen (Mitte, Umluft 180 °C) in 15–20 Minuten goldbraun backen. Herausnehmen und auf einem Kuchengitter abkühlen lassen.

VEGGIE

04 ORIENTAL BUNS

DAS BRAUCHST DU

FÜR 10 STÜCK

100 ml Milch
1 Würfel Hefe (ca. 42 g)
2 ½ EL Honig
25 g Butter
500 g Mehl (Type 550)
Salz
200 g Joghurt (3,8 % Fett)

AUSSERDEM

1 Ei (Größe S) zum Bepinseln
2 EL Schwarzkümmel (s. Tipp)

SO GEHT'S

1 Gut die Hälfte der Milch lauwarm erwärmen, Hefe hineinbröckeln und mit ½ EL Honig verrühren, bis sich die Hefe aufgelöst hat. Zugedeckt an einem warmen Ort 10–15 Minuten gehen lassen, bis die Hefe kräftig zu arbeiten anfängt.

2 Inzwischen 50 ml Wasser, Butter und übrigen Honig zur übrigen Milch geben und alles unter gelegentlichem Rühren erwärmen, bis die Butter geschmolzen ist und der Honig sich aufgelöst hat, vom Herd nehmen und lauwarm abkühlen lassen. Währenddessen in einer Rührschüssel das Mehl mit 1 knappen TL Salz mischen, eine Mulde eindrücken.

3 Joghurt mit der Buttermischung verrühren und in die Mehlmulde gießen, etwas Mehl darüberlöffeln, dann die Hefe zugeben. Zügig mit den Knethaken des Handrührgeräts oder der Küchenmaschine erst auf kleinster Stufe ca. 5 Minuten kneten, bis sich alle Zutaten verbunden haben. Dann auf höchster Stufe weitere 5–6 Minuten kneten, bis sich ein feuchter, weicher, elastischer Teig gebildet hat, dabei ggf. ein wenig Wasser oder Milch dazugeben.

4 Den Teig zur Kugel rollen oder mit der Teigkarte zusammenfalten und in eine leicht bemehlte Schüssel geben. Mit einem feuchten sauberen Geschirrtuch abdecken und an einem warmen Ort 1 Stunde gehen lassen, bis sich das Teigvolumen verdoppelt hat.

5 Den Teig zusammenkneten oder falten, dann in 10 etwa gleich große, gleich schwere Portionen teilen. Daraus 10 runde Bällchen formen oder wirken (s. S. 14) und mit Abstand zueinander auf ein bzw. zwei mit Backpapier ausgelegte Bleche setzen und etwas flacher drücken. Mit dem feuchten Tuch abdecken und weitere 30 Minuten gehen lassen.

6 Inzwischen den Backofen auf 200 °C (Ober-/Unterhitze) vorheizen. Das Ei mit 2 EL Wasser und 2 Prisen Salz verquirlen. Die gegangenen Buns damit bestreichen, Schwarzkümmel obenauf streuen und die Buns im heißen Ofen (Mitte) in 15–20 Minuten goldbraun backen, herausnehmen, kurz abkühlen lassen, dann auf einem Kuchengitter vollständig auskühlen lassen.

TIPP

Schwarzkümmel (auch Nigella) wird in der orientalischen Küche gerne als Gewürz verwendet – man kennt es vor allem auf Fladenbrot gestreut. Erhältlich ist Schwarzkümmel in Gewürz- oder Asien-Läden (bei den indischen Gewürzen). Wer keinen bekommt, lässt ihn weg oder nimmt stattdessen (schwarze) Sesamsamen.

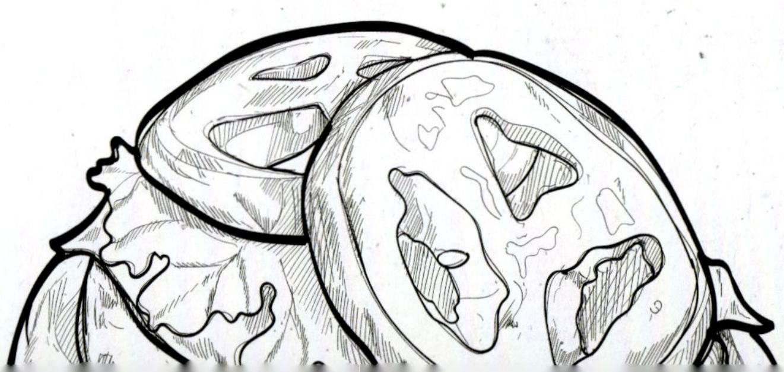

VEGAN

05 BAO BUNS

DAS BRAUCHST DU

FÜR 6 STÜCK

300 g Mehl (Type 405)

2 ½ EL Zucker

1 Päckchen Trockenhefe

1 TL Backpulver

Salz

2 EL Sonnenblumenöl

TIPP

Die Bambusdämpfkörbe gibt es preisgünstig in Asien-Läden, aber auch ein normaler mit Papier ausgelegter Dämpfeinsatz funktioniert, dann ggf. die Buns nacheinander dämpfen.

SO GEHT'S

1 Vom Mehl 2 gehäufte EL abnehmen und mit ½ TL Zucker, Hefe und 50 ml lauwarmem Wasser in einem Schälchen verrühren, zugedeckt an einem warmen Ort 20–25 Minuten gehen lassen, bis die Hefe kräftig arbeitet.

2 Inzwischen übriges Mehl, übrigen Zucker, Backpulver und 1 Prise Salz in einer Rührschüssel mischen. Hefeansatz, 150 ml lauwarmes Wasser und das Öl zugeben und mit den Knethaken des Handrührgeräts oder der Küchenmaschine auf kleinster Stufe kneten, bis sich alle Zutaten verbunden haben, dann weitere 4–5 Minuten auf höchster Stufe kräftig durchkneten. Der Teig sollte nicht zu trocken, aber auch nicht zu feucht, sondern kompakt formbar sein, daher ggf. wenig Wasser oder Mehl zugeben. Zur Kugel formen, in eine Schüssel geben, ein feuchtes Tuch über die Schüssel legen und den Teig an einem warmen Ort 30 Minuten gehen lassen, bis er sein Volumen fast verdoppelt hat.

3 Den Teig einmal kurz durchkneten und in 6 gleich große Portionen teilen. Diese zur Kugel formen und auf einer bemehlten Arbeitsfläche mit der Teigrolle oder von Hand zu knapp 1 cm hohen runden Fladen ausrollen oder drücken. Auf eine mit Backpapier ausgelegte Platte legen, mit einem feuchten Tuch abdecken und weitere 30 Minuten gehen lassen. Inzwischen aus Backpapier 6 ca. 8 × 12 cm große Rechtecke zurechtschneiden. Zwei Dämpfkörbe am Boden mit Backpapier auslegen und das Backpapier mehrmals mit einem Messer einstechen.

4 Einen Topf ca. 3 cm hoch mit Wasser füllen und zum Kochen bringen. Die Teigfladen in der Mitte zusammenklappen, dabei jeweils eines der Backpapierrechtecke mittig dazwischen einlegen, damit die beiden Hälften nicht zusammenkleben. Je 3 Buns in einen Korb legen und die Körbe übereinandergestapelt in den Topf setzen, Topfdeckel auflegen. Bei mittlerer Hitze über heißem Wasserdampf 15 Minuten dämpfen, dabei den Topfdeckel nicht heben, damit die Buns nicht zusammenfallen. Vom Herd nehmen und 5 Minuten im Topf ruhen lassen, dann den Deckel abnehmen und die Buns auskühlen lassen. Vor dem Befüllen das Papier aus den Buns herausziehen.

SWEET HOME
PEPPER
SIMPLE LIVING
FROM EVERY DAY
STAUB

VEGAN

GRUND-
REZEPT

MAKE YOUR OWN **KETCHUP**

Bei Burgern darf man ruhig rot sehen: Neben Mayonnaise ist Ketchup die einfachste und erste Wahl – alternativ für alle Grillfans: feurig rauchige Barbecuesauce.

06 HOMEMADE KETCHUP

DAS BRAUCHST DU

FÜR 300 ML

1 Zwiebel
1 Knoblauchzehe
2 EL Rohrohrzucker
1 ½ EL Tomatenmark
3–4 EL Weißweinessig
400 g stückige Tomaten (aus der Dose)
¼ TL Ajowan (s. Tipp S. 23)
⅓ TL gemahlener Piment
2 Msp. gemahlener Zimt
1 TL Sojasauce
Salz, Pfeffer

SO GEHT'S

1 Die Zwiebel und den Knoblauch schälen und fein würfeln. Zucker in einem Topf hellbraun karamellisieren lassen, Zwiebel und Knoblauch zugeben und unter Rühren 1 Minute anbraten, dann Tomatenmark unterrühren und kurz mit rösten. Mit Essig ablöschen und alles 1 Minute köcheln lassen, dann die Tomaten dazugeben und zum Kochen bringen.

2 Inzwischen Ajowan im Mörser fein zerreiben. Mit den übrigen Gewürzen und Sojasauce zu den Tomaten geben, gut unterrühren, leicht salzen und pfeffern. Die Hitze reduzieren und alles bei kleiner Hitze offen in ca. 1 Stunde dickflüssig einkochen lassen, dabei immer mal wieder gründlich umrühren, gegen Garzeitende öfter, damit nichts anbrennt.

3 Den Ketchup nach Wunsch pürieren und nochmals mit Salz, Pfeffer und evtl. Essig abschmecken. Sofort heiß in eine sauber ausgespülte Glasflasche füllen, diese sofort verschließen und den Ketchup abkühlen lassen. Im Kühlschrank hält er gut 1 Monat.

VARIANTEN

Auch Ketchup lässt sich immer wieder abwandeln: Fruchtig wird er, wenn man anstelle des Zuckers 5 getrocknete, klein geschnittene Datteln oder 150 g klein geschnittene frische Ananas, Aprikosen oder Mango mitkocht. Dann evtl. noch mit etwas Currypulver abschmecken; apropos: für ein Curryketchup einfach 1–2 TL Currypulver am Ende unter den Ketchup rühren und, wie beschrieben, pürieren und abschmecken.

VEGAN

07 THE ONE AND ONLY BARBECUESAUCE

DAS BRAUCHST DU

FÜR 450 ML

1 große Zwiebel
1 Knoblauchzehe
2 EL Sonnenblumenöl
6 EL Rohrohrzucker
1 ½ EL Tomatenmark
150 ml Ketchup (s. S. 22 oder gekauft)
150 ml Apfelsaft
80 ml Whiskey (möglichst rauchig schmeckenden)
4 EL Worcestersauce
4 EL Weißweinessig
⅓ TL Ajowan (s. Tipp)
⅓ TL gemahlener Piment
½–1 TL gemahlenes, geräuchertes Chipotle-Chilipulver (ersatzweise Chilipulver oder Piménton de la vera)
2 EL Sojasauce
1 TL (dänisches) Rauchsalz
Pfeffer

SO GEHT'S

1 Die Zwiebel und den Knoblauch schälen und fein würfeln. Öl in einem Topf erhitzen, darin beides bei kleiner Hitze 5–7 Minuten anschwitzen, ohne dass die Zwiebeln bräunen. Zucker und Tomatenmark zugeben und den Zucker unter Rühren in 4–5 Minuten schmelzen lassen.

2 Inzwischen Ketchup, Apfelsaft und Whiskey mit Worcestersauce und Weißweinessig verrühren. Ajowan im Mörser fein zerreiben. Alles mit Piment und der Hälfte Chilipulver in den Topf geben und verrühren. Bei mittlerer Hitze ca. 1 Stunde köcheln lassen, die Sauce sollte dabei richtig blubbern und merklich einkochen. Gelegentlich, gegen Ende häufiger umrühren, damit nichts anbrennt, und Sojasauce unterrühren.

3 Gegen Garzeitende mit übrigem Chilipulver, Rauchsalz und Pfeffer nach persönlichem Belieben mehr oder weniger scharf abschmecken.
Die Sauce nach Wunsch pürieren und kochend heiß in eine sauber ausgespülte Glasflasche füllen und sofort verschließen. Abkühlen lassen.
Die Sauce hält im Kühlschrank ca. 2 Monate.

VARIANTEN

Die Sauce lässt sich vielfältig variieren: Wer es weniger „rauchig" mag, nimmt normales Salz, wer Whiskey weglassen möchte, nimmt stattdessen mehr Fruchtsaft und Ketchup in gleichen Mengen. Bei den Säften kann man ruhig mit frisch gepresstem Orangensaft, Ananassaft oder Johannisbeersaft experimentieren oder sogar einmal Malzbier oder dunkles Bier nehmen.

TIPP

Ajowansamen schmecken stark nach Thymian und Sellerie und werden in der indischen Küche gerne verwendet. Man bekommt sie preisgünstig im Asien-Laden. Ein möglicher Ersatz sind Selleriesamen aus dem Bioladen.

VEGGIE

GRUND-REZEPT

KLASSISCH & GUT: MAYO SELBST GEMACHT

Mayonnaise selber machen ist kein Hexenwerk: Wer den Stabmixer als Zauberstab einsetzt, kann damit ganz ohne Hokuspokus blitzschnell herrlich cremige Mayo zaubern.

08 MAYONNAISE

DAS BRAUCHST DU

FÜR 300 G

2 ganz frische Eigelb (Größe M)
1 TL Dijon-Senf
1–2 TL Weißweinessig
1–2 TL Zitronensaft
Salz, Pfeffer
Zucker
180–220 ml Sonnenblumen- oder Olivenöl

SO GEHT'S

1 Alle Zutaten ggf. rechtzeitig aus dem Kühlschrank nehmen, sie sollten alle die gleiche (Zimmer-)Temperatur haben. Eigelbe in ein hohes Mixgefäß geben, Dijon-Senf, je 1 TL Essig und Zitronensaft, Salz, Pfeffer sowie 1 Prise Zucker dazugeben.

2 Alles mit dem Stabmixer einmal durchmixen. Dann das Öl tröpfchenweise dazugeben und jeweils immer gut untermixen. Sobald die Masse beginnt anzudicken, das Öl in dünnem Strahl zulaufen lassen, dabei den Stabmixer immer von unten nach oben ziehen und weitermixen. So lange Öl zulaufen lassen, bis die gewünschte Konsistenz erreicht ist.

3 Die fertige Mayonnaise anschließend mit restlichem Essig und Zitronensaft, Salz, Pfeffer und ggf. Zucker abschmecken.

GUT ZU WISSEN

Wer will, kann die Mayonnaise auch mit einem ganzen Ei, also Eiweiß und Eigelb herstellen – das funktioniert genauso. Wer keinen Stabmixer hat, muss Muskelkraft anwenden: Zutaten, wie in Step 1 beschrieben, kurz mit einem Schneebesen von Hand in einer Rührschüssel verrühren, dann das Öl erst tröpfchenweise, anschließend im dünnen Strahl mit dem Schneebesen kräftig unterschlagen. Leichter wird die Mayonnaise übrigens, wenn man unter die fertige Creme zusätzlich Joghurt oder saure Sahne rührt. Und mit den unterschiedlichsten Würzen lassen sich immer wieder neue Mayonnaise-Varianten erfinden (s. S. 25).

Mayonnaise lässt sich unendlich vielfältig abwandeln, hier gibt es ein paar Kostproben, die perfekt zu den unterschiedlichsten Burgern passen. Grundlage ist immer das Rezept von S. 24 oder, für alle, die auf Ei verzichten wollen, die Sojanese von S. 26.

KRÄUTER-MAYONNAISE

1 Knoblauchzehe schälen, mit den anderen Grundzutaten in den Mixbecher pressen und die Mayonnaise, wie beschrieben, mixen. 2–3 EL gehackte frische Kräuter (Petersilie, Schnittlauch, Basilikum und Dill) unter die fertige Mayonnaise rühren und anschließend mindestens 15 Minuten ziehen lassen.

SAFRAN-MAYONNAISE

1 Päckchen Safranpulver (0,1 g) in 1 EL heißem Wasser 10 Minuten lang einweichen. Dann mit 3 Msp. abgeriebener Bio-Orangenschale und 2 EL Orangensaft mit den übrigen Grundzutaten mitpürieren. Zum Schluss weitere 4–5 EL Orangensaft unter die fertige Mayonnaise mixen.

WASABI-MAYONNAISE

Den Essig und Zitronensaft im Grundrezept vollständig durch Limettensaft ersetzen. Unter die fertige Mayonnaise 2 TL Wasabi-Paste (aus der Tube, alternativ Meerrettich), 1 TL Honig und ½ TL Sojasauce mixen.

ORANGEN-MAYONNAISE

1 Bio-Orange heiß waschen und abtrocknen. Zitronensaft im Grundrezept durch Orangensaft ersetzen und eine möglichst feste Mayonnaise mixen. 1 TL Orangenschale mit 4–5 EL Saft und 1 TL Orangenmarmelade unter die fertige Mayonnaise rühren. Mit Chilipulver und 2 Msp. Vanillemark abschmecken.

MARACUJA-MAYONNAISE

3 Passionsfrüchte (Maracujas) mit 2 EL frisch gepresstem Orangensaft und 10 g fein gehacktem frischem Ingwer kurz in einem Topf aufkochen, dann abkühlen lassen und anschließend durch ein feines Sieb streichen. Den so aufgefangenen Saft mit ⅓ TL Currypulver sowie 1 Prise Chilipulver unter die Mayonnaise mixen, mit ½–1 TL Honig oder Ahornsirup abschmecken.

ESTRAGON-MAYONNAISE

Grundrezept zubereiten, wer möchte, kann dabei den Dijon-Senf durch 1½ TL körnigen Senf ersetzen. 3 Stängel Estragon waschen, trocken schütteln, fein hacken, unter die Mayonnaise rühren. 15 Minuten ziehen lassen.

KNOBLAUCH-MAYONNAISE

2 Knoblauchzehen schälen und mit den anderen Grundzutaten in den Mixbecher pressen. Die Mayonnaise, wie beschrieben, mixen und evtl. noch mit etwas weißem Pfeffer und Chilipulver kräftig würzen.

LIMETTEN-MAYONNAISE

1 Limette heiß waschen, abtrocknen und die Schale fein abreiben, Limette halbieren und den Saft von einer Hälfte auspressen. Zitronensaft und Essig durch Limettensaft ersetzen. 1 Knoblauchzehe schälen und ebenfalls mit den anderen Grundzutaten in den Mixbecher pressen. Die Schale unter die fertige Mayonnaise rühren und mit übrigem Limettensaft, etwas Zucker und 1–2 Spritzern Chilisauce (z. B. Sriracha) abschmecken.

RED-HOT-MAYONNAISE

1 Knoblauchzehe schälen und mit den anderen Grundzutaten in den Mixbecher pressen. 1–1½ TL Harissa (nordafrikanische Chilipaste, alternativ Chilisauce, z. B. Sriracha) unter die Mayonnaise rühren. Mit 1 TL Honig und 2 Msp. gemahlenem Kurkuma abschmecken. Zum Schluss je 1 TL gehackte Petersilie und Koriandergrün unterrühren.

MISO-MAYONNAISE

Die Mayonnaise, wie beschrieben, zubereiten, dann 2 EL helle Miso-Paste unterrühren. Mit 1–2 Spritzern Chilisauce (z. B. Sriracha) und 1–2 EL Orangensaft abschmecken.

VEGAN

MAYONNAISE MAL **GANZ OHNE EI**

Wer sich nicht an rohes, frisches Ei traut oder vegan genießen möchte, wird hier fündig, genauso wie alle Experimentierfreudigen, die einmal richtig tolle Mayovarianten testen möchten.

09 SOJANESE

DAS BRAUCHST DU

80 ml ungesüßter Sojadrink
½ Knoblauchzehe
¾ TL Gemüsebrühe (Pulver)
1 TL Dijon-Senf
2–3 EL Orangensaft
125–180 ml Sonnenblumenöl
1 TL Weißweinessig
1 TL Ahornsirup oder 2–3 Prisen Zucker
Salz, Pfeffer
2 Msp. Chilipulver
2–3 EL Soja-Joghurtalternative (nach Belieben)

SO GEHT'S

1 Den zimmerwarmen Sojadrink in ein hohes Mixgefäß geben, Knoblauch schälen, grob zerschneiden, mit Gemüsebrühe, Senf und 3 Spritzern Orangensaft zum Sojadrink geben. Kräftig mit dem Stabmixer durchmixen.

2 Dann das Öl tröpfchenweise zugeben und ständig weitermixen, dabei den Stabmixer immer von oben nach unten führen. Sobald der Drink andickt, so viel von dem Öl in dünnem Strahl zugießen und weitermixen, bis die gewünschte Konsistenz erreicht ist.

3 Zuletzt Essig, Ahornsirup oder Zucker untermixen. Mit Salz, Pfeffer und Chilipulver würzen und mit restlichem Orangensaft abschmecken. Nach Wunsch Soja-Joghurtalternative unterrühren – das macht die Sojanese etwas leichter und gibt ihr zusätzlich eine schöne Konsistenz.

TIPP

Nach ähnlichem Prinzip lässt sich auch vegane Mayonnaise mit Mandeldrink, Haferdrink oder sogar Kokosmilch herstellen. Wer seine Mayonnaise nicht unbedingt vegan, dafür aber nur ohne rohes Ei will, kann auch normale Kuhmilch nehmen – die sollte wie alle Arten von Pflanzendrinks zimmerwarm sein.

VEGAN

10 CASHEW-COCKTAIL-SAUCE

DAS BRAUCHST DU

80 g Cashewkerne (oder preiswert: Cashewbruch)
½ Knoblauchzehe
2 Zweige Thymian
4 getrocknete, in Öl eingelegte Tomaten
1 TL körniger Senf
1 TL Hefeflocken
Salz, Pfeffer
2 Spritzer Chilisauce (z. B. Sriracha)

SO GEHT'S

1 Die Cashewkerne mindestens 4 Stunden (oder besser über Nacht) in 150 ml kaltem Wasser einweichen.

2 Cashewkerne in ein Sieb abgießen, dabei das Einweichwasser auffangen. Knoblauch schälen und grob hacken. Thymian waschen, trocken schütteln, Blättchen abzupfen. Tomaten abtropfen lassen und grob zerschneiden. Alles mit Senf und Hefeflocken in ein hohes Mixgefäß geben und mit gerade so viel Einweichwasser pürieren, dass eine cremige Sauce entsteht. Mit Salz, Pfeffer und Chilisauce abschmecken.

11 ASIATISCHE GRÜNE TOFUNAISE

DAS BRAUCHST DU

½ kleines Bund Koriandergrün
1 Knoblauchzehe
250 g Seidentofu
50–70 ml Olivenöl
2 EL Limettensaft
Salz, Pfeffer
2–3 Msp. Chiliflocken

SO GEHT'S

1 Das Koriandergrün waschen, gründlich trocken schütteln, Blätter abzupfen und grob zerschneiden, Knoblauch schälen und grob hacken. Beides in ein hohes Mixgefäß geben.

2 Seidentofu abtropfen lassen, löffelweise abstechen und in den Mixbecher geben. 50 ml Öl und Limettensaft zugeben und alles mit dem Stabmixer zu einer cremigen Mayonnaise mixen, dabei evtl. noch restliches Öl zugeben und untermixen, wenn die Konsistenz zu dünn ist. Mit Salz, Pfeffer und Chiliflocken würzen.

VEGAN

ES MUSS NICHT IMMER **KETCHUP SEIN...**

Neben Mayonnaise und Ketchup gibt es inzwischen noch ein paar mehr „Klassiker", die Pep auf den Burger bringen – oder auch mal als Dip zu Burgerbeilagen taugen.

12 GUACAMOLE

DAS BRAUCHST DU

2 reife Avocados
Saft von 1 Limette
1 Knoblauchzehe
2 Frühlingszwiebeln
1 Tomate
Salz, Pfeffer
2 Msp. Chilipulver
½ TL gemahlener Kreuzkümmel

SO GEHT'S

1 Avocados halbieren, Kern entfernen und das Fruchtfleisch aus der Schale löffeln, sofort mit dem Limettensaft mischen, damit es nicht braun wird. Knoblauch schälen und durchdrücken. Frühlingszwiebeln waschen, trocken schütteln, den grünen Teil in feine Ringe schneiden, den weißen Teil längs vierteln und fein hacken. Tomate waschen, halbieren, Kerne herauslöffeln und das Fruchtfleisch klein würfeln, dabei den Stielansatz entfernen.

2 Avocado mit einer Gabel zermusen und die übrigen Zutaten anschließend untermengen. Mit Salz, Pfeffer, Chilipulver und Kreuzkümmel würzen und möglichst noch 30 Minuten ziehen lassen.

13 KORIANDER-CHUTNEY

DAS BRAUCHST DU

2 EL Kokosraspel
1 kleines Bund Koriandergrün
½ kleines Minze
1 Knoblauchzehe
1 grüne Chilischote
2 EL Limettensaft
Salz, Pfeffer
½ TL brauner Zucker

SO GEHT'S

1 Kokosraspel mit 50 ml kochendem Wasser übergießen und 15 Minuten quellen lassen. Inzwischen Koriandergrün und Minze waschen, Blätter abzupfen und grob zerschneiden. Knoblauch schälen und grob hacken, Chilischote putzen und mit Kernen grob zerschneiden.

2 Alles mit den Kokosraspeln (samt Wasser), Limettensaft, Salz, Pfeffer und Zucker im Blitzhacker oder mit dem Stabmixer pürieren, möglichst 1 Stunde ziehen lassen. Anschließend nochmals mit Limettensaft, Salz und Pfeffer abschmecken.

VEGGIE

14 JOGHURTSAUCE MIT MINZE

DAS BRAUCHST DU

½ Knoblauchzehe
1 Bio-Zitrone
200 g griechischer Joghurt
1 TL Weißweinessig
1 EL Olivenöl
½ TL Honig
Salz, Pfeffer
⅓ TL gemahlener Kreuzkümmel
4 Stängel Minze
2 Stängel Dill

SO GEHT'S

1 Knoblauch schälen und in ein Schälchen pressen, Zitrone waschen, die Schale abreiben, den Saft auspressen. Knoblauch mit Joghurt, ½ TL Zitronenschale, 1 EL Zitronensaft, Essig, Öl und Honig verrühren. Mit Salz, Pfeffer und Kreuzkümmel würzen.

2 Die Kräuter waschen, trocken schütteln, Blättchen bzw. Spitzen abzupfen und fein hacken, unter die Joghurtsauce rühren und 5–10 Minuten ziehen lassen.

15 MANGO-CHUTNEY

DAS BRAUCHST DU

1 reife Mango
1 kleine Zwiebel
1 Knoblauchzehe
15 g frischer Ingwer
1 EL Öl
250 ml frisch gepresster Orangensaft
je 2 Nelken und grüne Kardamomkapseln
1 EL Honig
2 EL Weißweinessig
Chilipulver
½ TL Currypulver
Salz

SO GEHT'S

1 Die Mango schälen und das Fruchtfleisch schräg vom Stein schneiden, klein würfeln. Zwiebel, Knoblauch und Ingwer schälen und getrennt fein hacken. Öl in einem kleinen Topf erhitzen, darin Zwiebel und Knoblauch glasig anschwitzen. Mango zugeben und 2–3 Minuten anschwitzen.

2 Orangensaft und 150 ml Wasser zugeben. Ingwer, Nelken, Kardamom (die Kardamomkapsel vorher anquetschen) und Honig unterrühren. Alles bei kleiner Hitze 20–25 Minuten offen einkochen lassen.

3 Die ganzen Gewürze aus dem Chutney fischen. Essig unterrühren und das Chutney mit 1 Prise Chilipulver, Currypulver und Salz würzen, nochmals 5 Minuten köcheln lassen. Dann heiß in sauber gespülte Gläser füllen und diese sofort verschließen. So hält sich das Chutney im Kühlschrank ca. 1 Monat.

VEGAN

WAS BURGER NOCH **FEINER MACHT …**

Es gibt Burgern Saures, auch mal Scharfes oder sogar ein bisschen Süßes: eingelegtes Gemüse, das schnell gemacht ist und sich auch für den Vorrat eignet.

16 ROTE-ZWIEBEL-PICKLES

DAS BRAUCHST DU

2 rote Zwiebeln
1 Knoblauchzehe
1 TL Rohrohrzucker
¾ TL Meersalz
200 ml Weißweinessig
¼ TL schwarze Pfefferkörner
2 Zweige Thymian

SO GEHT'S

1 Die Zwiebeln schälen und in Ringe schneiden. Knoblauch schälen und in Scheiben schneiden. In einem kleinen Topf 300 ml Wasser aufkochen. Vom Herd nehmen, die Zwiebelringe und Knoblauch ins heiße Wasser geben. Anschließend sofort wieder abgießen und abtropfen lassen.

2 Inzwischen Zucker, Salz und Essig mit den Pfefferkörnern unter Rühren erhitzen, bis der Zucker sich aufgelöst hat. Lauwarm abkühlen lassen. Thymian waschen und trocken schütteln, mit den Zwiebeln in ein Glas füllen und die Essigmischung darübergießen. Glas verschließen und abkühlen lassen. Die Zwiebelringe 1 Tag ziehen lassen. Im Kühlschrank aufbewahrt, halten sie im Glas verschlossen mehrere Wochen.

17 ROSA-RETTICH-PICKLES

DAS BRAUCHST DU

200 g weißer (Daikon-)Rettich
½ kleine Rote Bete (ca. 40 g)
150 ml Reisessig
2 EL Zucker
½ TL Meersalz

SO GEHT'S

1 Den Rettich und die Rote Bete waschen, putzen, schälen und in feine Scheiben schneiden oder hobeln (dazu Gummihandschuhe tragen, die Bete färbt stark). Beides miteinander mischen und in ein ausreichend großes Schraubglas füllen.

2 Essig, Zucker und Salz in einem Topf unter Rühren erhitzen, bis sich der Zucker vollständig aufgelöst hat. Heiß über die Rettich-Bete-Mischung gießen, das Gemüse gut hineindrücken und das Glas verschließen. An einem kühlen Ort 2–3 Tage durchziehen lassen. Dort halten sich die Pickles gut 1 Monat.

18 SCHARFE INGWER-MÖHREN-PICKLES

DAS BRAUCHST DU

250 g Möhren
20 g frischer Ingwer
½ TL Korianderkörner
220 ml Reisessig
3 EL Zucker
¾ TL Meersalz
2 Msp. Chiliflocken

SO GEHT'S

1 Die Möhren schälen, längs mit dem Sparschäler oder auf der Rohkostreibe zu schmalen Streifen abziehen. Ingwer schälen und möglichst fein hacken. Korianderkörner im Mörser nur leicht anquetschen.

2 Essig, Zucker, Salz, Chiliflocken, Koriander und Ingwer in einem Topf unter Rühren erhitzen, bis sich der Zucker vollständig aufgelöst hat. Die Möhren hineingeben und bei kleiner Hitze zugedeckt 1–3 Minuten köcheln lassen. Anschließend samt Würzsud in ein sauber ausgespültes Schraubglas füllen, das Glas verschließen und abkühlen lassen. An einem kühlen Ort 2–3 Tage durchziehen lassen. Im Kühlschrank halten sich die Möhren gut 1 Monat.

19 FIXE GURKEN-PICKLES

DAS BRAUCHST DU

2 Bio-Mini-Gurken (ca. 200 g)
Salz
2 Stängel Dill
1 Stängel Estragon
1 Schalotte
150 ml Weißweinessig
50 g Zucker
½ TL gelbe Senfkörner
10 schwarze Pfefferkörner
2 Msp. Chiliflocken

SO GEHT'S

1 Die Gurken waschen und in dünne Scheiben schneiden. In einem Sieb mit ½ TL Salz mischen und 30 Minuten ziehen lassen, damit so viel Wasser wie möglich austreten kann.

2 Inzwischen die Kräuter waschen, trocken schütteln, Spitzen bzw. Blättchen abzupfen und fein hacken. Abwechselnd mit den Gurken in ein sauber gespültes Schraub- oder Bügelglas schichten.

3 Schalotte schälen und in dünne Ringe schneiden. Essig mit 50 ml Wasser in einem Topf aufgießen. Zucker, Schalotte, Senf- und Pfefferkörner, Chiliflocken und Schalottenringe zugeben. Alles unter Rühren zum Kochen bringen, vom Herd nehmen, 1–2 Minuten ziehen lassen, dann heiß über die Gurken gießen.

4 Gurken im Glas etwas zusammendrücken, damit sie gut mit Lake bedeckt sind. Glas verschließen. Abkühlen lassen und mindestens 1 Tag durchziehen lassen. Die Gurken halten gekühlt ca. 1 Monat.

VEGAN

GEMÜSE AT ITS BEST

Immer nur Salatblättchen, Essiggurken oder Zwiebelringe auf dem Burger? Auf gar keinen Fall, neben frischem Gemüse und Salat ist unterschiedlich gegartes Gemüse eine willkommene Abwechslung.

20 RÖSTZWIEBELN

DAS BRAUCHST DU

3 Zwiebeln
1 Knoblauchzehe
Salz
100 g Mehl

AUSSERDEM

250 ml Öl zum Frittieren

SO GEHT'S

1 Zwiebeln schälen und in schmale Ringe oder Streifen schneiden, Knoblauch schälen und quer in Scheiben schneiden. Beides mit einem knappen ½ TL Salz mischen und 15 Minuten Wasser ziehen lassen.

2 Zwiebeln und Knoblauch auf ein sauberes Geschirrtuch geben und im Tuch fest zusammendrücken, damit so viel Zwiebelsaft wie möglich austritt, anschließend nochmals gut trocken tupfen, mit Mehl bestäuben und weitere 5 Minuten ruhen lassen.

3 Inzwischen den Backofen auf 90 °C (Ober-/Unterhitze) vorheizen, ein Blech mit Backpapier auslegen. Das Frittieröl erhitzen – es ist heiß genug, wenn am Stiel eines Holzlöffels, den man hineinhält, sprudelnd kleine Perlen aufsteigen. Überschüssiges Mehl von Zwiebeln und Knoblauch klopfen und beides im heißen Öl in 5–6 Minuten knusprig braun frittieren.

4 Die Zwiebeln mit einem Schaumlöffel herausheben und auf Küchenpapier abtropfen lassen. Anschließend auf das Blech geben und im heißen Ofen in 10–12 Minuten knusprig backen. Sofort verwenden oder abkühlen lassen, in ein sauberes Schraubglas füllen und in den nächsten 2 Tagen verwenden.

21 GEGRILLTE PAPRIKA

DAS BRAUCHST DU

Für Grillgeräte mit Deckel

4 rote Paprikaschoten

AUSSERDEM

Fett für den Rost

SO GEHT'S

1 Den Grill auf 250 °C indirekte Hitze vorheizen. Die Paprikaschoten vierteln, putzen, waschen und mit der Hautseite auf den eingefetteten Grillrost legen. 25–30 Minuten bei geschlossenem Deckel garen, bis die Haut schwarze Flecken hat. Herausnehmen, kurz abkühlen lassen. In einen Gefrierbeutel geben, diesen verschließen und abkühlen lassen. Anschließend die Haut der Paprika mit einem Messer abziehen und die Schoten längs vierteln.

2 Wer die Schoten im Voraus zubereiten will, kann sie in ein Schraubglas geben und mit Olivenöl begießen, sodass sie gut bedeckt sind; so halten sie im Kühlschrank verschlossen 2–3 Tage.

22 GEGRILLTE AUBERGINEN

DAS BRAUCHST DU

Für offene Grillgeräte

2 lange, dünne Auberginen

Salz, Pfeffer

AUSSERDEM

Fett für den Rost

SO GEHT'S

1 Den Grill aufheizen. Die Auberginen waschen, putzen und längs in ca. 1 cm breite Scheiben schneiden (das geht perfekt auf der Brot- oder Aufschnittmaschine). Die Scheiben salzen und 10–15 Minuten Wasser ziehen lassen. Dann in ein Sieb geben, mit kaltem Wasser abbrausen und anschließend gut mit Küchenpapier ausdrücken und trocken tupfen.

2 Das gut vorgeheizte Grillgitter mit Öl fetten und die Auberginenscheiben portionsweise von jeder Seite 1–2 Minuten direkt grillen. Zwischendurch wenden, evtl. mehrfach. Herunternehmen, salzen, pfeffern und abkühlen lassen.

23 GEGRILLTE ZUCCHINI

DAS BRAUCHST DU

Für offene Grillgeräte

2 lange, schmale Zucchini

1 Knoblauchzehe

2-3 EL Olivenöl

Salz, Pfeffer

AUSSERDEM

Fett für den Rost

SO GEHT'S

1 Den Grill aufheizen. Die Zucchini waschen, putzen und längs in ca. 1 cm breite Scheiben schneiden (das geht perfekt auf der Brot- oder Aufschnittmaschine). Knoblauch schälen und in 2–3 EL Olivenöl pressen.

2 Das gut vorgeheizte Grillgitter mit Öl einpinseln, Zucchinischeiben dünn mit Knoblauchöl bestreichen. Portionsweise 3–5 Minuten direkt grillen. Zwischendurch wenden, evtl. mehrfach. Herunternehmen, salzen, pfeffern und abkühlen lassen.

VEGAN

BESTE BURGER-
BEILAGEN

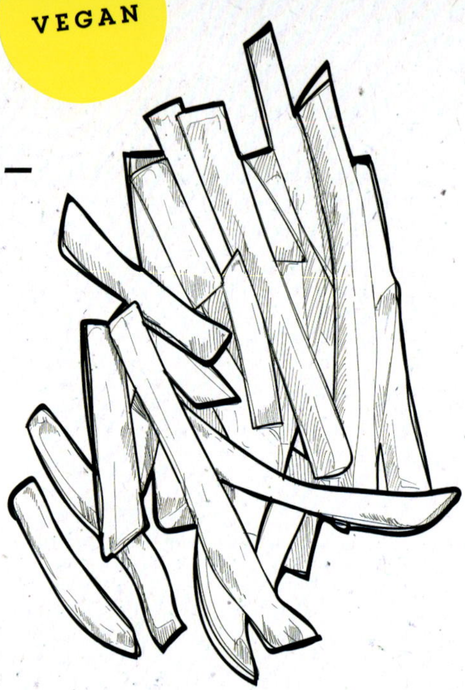

Pommes und Burger sind ein ideales Paar, das alle lieben. Wie wär's daneben mal mit einer neuen Kombi mit üppig dicken Süßkartoffelwedges oder ganzen Maiskolben?

24 POMMES FRITES

DAS BRAUCHST DU

4 große vorwiegend festkochende Kartoffeln (à ca. 250 g)

AUSSERDEM

Fett oder Öl zum Frittieren

Salz

TIPP

Zwischen dem ersten und zweiten Frittiergang kann man die einmal gegarten Kartoffeln übrigens gut 2–3 Stunden, auf einem sauberen Geschirrtuch ausgelegt, liegen lassen – ideal also zum Vorbereiten.

SO GEHT'S

1 Kartoffeln schälen, waschen und längs in knapp 1 cm breite Stäbchen schneiden oder durch eine Pommes-frites-Presse drücken. In eine Schüssel mit reichlich Wasser geben und 45 Minuten stehen lassen. Abgießen, kalt abbrausen und in einem Geschirrtuch so gut wie möglich trocknen.

2 Das Öl oder Frittierfett in einem großen Topf oder der Fritteuse (auf 170 °C) erhitzen. Zur Probe ein Kartoffelstäbchen einlegen, wenn zischend große Bläschen aufsteigen, ist das Fett heiß genug zum Frittieren. Jetzt die Kartoffeln portionsweise (bei der Kartoffelmenge in 4–5 Lagen) jeweils 4–5 Minuten darin frittieren, herausheben und auf Küchenpapier abtropfen lassen. Dabei das Fett zwischendurch immer wieder gut aufheizen lassen, sonst kühlt es zu sehr ab und die Pommes ziehen sich anschließend mit Fett voll anstatt zu garen.

3 Wenn alle Pommes einmal vorfrittiert sind, das Frittierfett wieder richtig heiß werden lassen (Fritteuse 190 °C). Jetzt sollte das Fett beim Test-Kartoffelstäbchen sehr stark sprudeln und viele kleine Bläschen haben. Nun die Pommes frites darin wieder jeweils in kleineren Lagen in jeweils 4–6 Minuten knusprig braun frittieren. Auf Küchenpapier abtropfen lassen und sofort mit Salz bestreuen, evtl. in einer Schüssel im 60 °C warmen Ofen warm halten.

VEGAN

25 SÜSSKARTOFFEL-WEDGES

DAS BRAUCHST DU

Für Grillgeräte mit Deckel

1 kg Bio-Süßkartoffeln
1 Knoblauchzehe
4 EL Olivenöl
1 EL gemahlener Kreuzkümmel
1 EL Paprikapulver
2–3 Msp. Chilipulver
½ TL getrockneter Thymian
2 EL Kartoffelstärke
Salz, Pfeffer

AUSSERDEM

1 glatte Grillplatte (Gusseisen, alternativ Aluschale)
Fett für die Grillplatte

SO GEHT'S

1 Den Grill auf indirekte Hitze vorbereiten und auf 220 °C aufheizen. Eine eingelegte Grillplatte mit erhitzen und gut einfetten. Die Süßkartoffeln sauber in kaltem Wasser abbürsten, quer halbieren, dann längs in dickere Spalten schneiden. Knoblauch schälen und in eine große Schüssel pressen. Mit Olivenöl, den Gewürzen, Thymian und Kartoffelstärke mischen, die Kartoffelspalten gut damit vermengen, salzen und pfeffern.

2 Kartoffelspalten zügig auf der Platte verteilen und bei geschlossenem Deckel 25–30 Minuten backen, dabei nach ca. 20 Minuten einmal wenden. Herausnehmen und heiß servieren oder warm halten.

VEGGIE

26 GEGRILLTE MAISKOLBEN

DAS BRAUCHST DU

Für offene Grillgeräte

4 frische Maiskolben (mit Blättern)
80 g weiche Butter
½ Bio-Limette
2 Stängel Koriandergrün
1 Knoblauchzehe
Salz, Pfeffer
⅓ TL gemahlener Kreuzkümmel
2 Msp. Chiliflocken

TIPP

Wer keine frischen Kolben bekommt, nimmt vorgegarte aus dem Vakuumpack. In ca. 15 Minuten rundum grillen.

SO GEHT'S

1 Den Grill aufheizen. Die Maiskolben in den Blättern lassen, allerdings oben an der Spitze leicht öffnen und die Haarfäden mit einer Schere abschneiden. Dann wieder schließen und die Kolben kurz unter fließendem Wasser anfeuchten. Die Maiskolben samt Hülle auf den Grillrost legen. 35–40 Minuten direkt grillen, dabei immer wieder wenden, bis die Blätter rundum dunkel gebräunt sind.

2 Inzwischen die Butter in ein Schälchen geben. Limette heiß abwaschen, abtrocknen, Schale fein abreiben und den Saft auspressen. Koriandergrün waschen, trocken schütteln, Blättchen abzupfen und fein hacken, beides zur Butter geben. Knoblauch schälen und zur Butter pressen. Alles mit Salz, Pfeffer, Kreuzkümmel und Chiliflocken vermengen.

3 Die fertigen Kolben vom Grill nehmen, die Blätter noch so heiß wie möglich nach unten abziehen. Die Butter auf den Kolben verteilen und schmelzen lassen.

VEGGIE

EXTRA FRISCHE
BEILAGEN

Die knackige Alternative zu Pommes oder Kartoffel-Wedges: drei Supersalate, die sich gut zu allen Burgern machen – und natürlich auch zu Pommes, Mais und Co. …

27 ALMOST CLASSIC COLESLAW

DAS BRAUCHST DU

1 kleiner Spitzkohl (ca. 400 g)
1 dicke Möhre
1 Stange Staudensellerie (mit Grün)
Salz, Pfeffer
4 EL Mayonnaise (s. S. 24 oder aus dem Glas)
5–6 EL süße Sahne
2 EL Weißweinessig
1–2 Spritzer Zitronensaft
2 Frühlingszwiebeln

SO GEHT'S

1 Den Spitzkohl vierteln, waschen, den Strunk keilförmig herausschneiden, die Viertel nochmals längs halbieren, dann quer in ganz feine Streifen schneiden oder hobeln. Möhre schälen und grob zum Kohl hobeln. Staudensellerie waschen, Grün abschneiden und beiseitelegen, die Stange in ganz feine Scheiben schneiden und zum Kohl geben. Kohl mit Gemüse leicht salzen und pfeffern und kräftig mit den Händen durchkneten, bis der Kohl weich ist und Wasser austritt.

2 Mayonnaise mit Sahne und Essig verrühren und mit Salz, Pfeffer und Zitronensaft würzen. Das Dressing unter den Salat mischen und den Salat, mit Frischhaltefolie abgedeckt, im Kühlschrank 2–3 Stunden ziehen lassen.

3 Die Frühlingszwiebeln waschen und putzen, den weißen Teil längs achteln und in feine Stückchen schneiden, den grünen in feine Ringe schneiden. Selleriegrün fein hacken. Alles unter den Salat mischen und den Salat nochmals mit Salz, Pfeffer und evtl. Zitronensaft abschmecken. Kurz ziehen lassen und servieren.

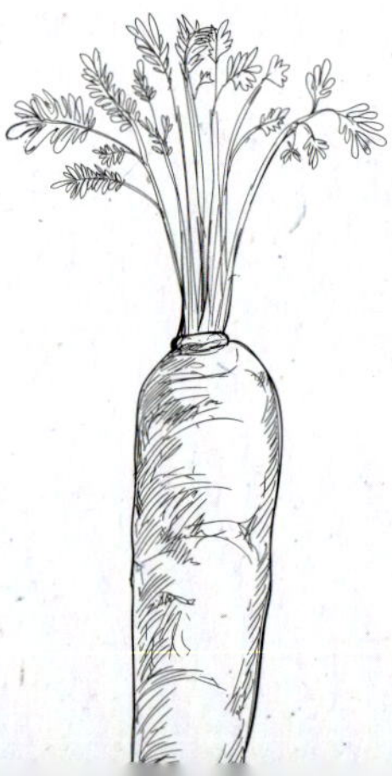

VEGAN

28 RAINBOW-SLAW

DAS BRAUCHST DU

150 g Rotkohl
Salz
1 dicke Möhre
1 kleine rote Spitzpaprika
2 Stangen Staudensellerie
1 kleine Dose Mais
(ca. 140 g Abtropfgewicht)
1 ½ EL Miso-Paste
4–5 EL Limettensaft
½–1 EL Sweet-and-Sour-Chilisauce
(aus dem Asien-Laden)
2 EL Sojasauce
2 EL Olivenöl
Pfeffer, Zucker
2 EL gehackter Koriander
(nach Belieben)

SO GEHT'S

1 Den Rotkohl waschen, Strunk keilförmig herausschneiden und den Kohl in möglichst feine Streifen schneiden oder hobeln, anschließend mit 1 Prise Salz leicht mit den Händen durchkneten, bis er weicher wird – dabei unbedingt Gummihandschuhe tragen, der Kohl färbt! Die Möhre schälen, putzen und in schmale Stifte (Julienne) schneiden oder hobeln. Die Paprikaschote längs halbieren, putzen, waschen, die Hälften quer in schmale Streifen schneiden. Staudensellerie waschen, putzen und die Stangen in dünne Scheiben schneiden. Mais in ein Sieb abgießen, kurz kalt abbrausen und abtropfen lassen.

2 Für das Dressing die Miso-Paste mit 4 EL Limettensaft, Sweet-and-Sour-Chilisauce, Sojasauce und 3–4 EL Wasser glatt verrühren, dann das Öl unterschlagen und mit Salz, Pfeffer, 1–2 Prisen Zucker und evtl. mit übrigem Limettensaft würzen.

3 Alle Zutaten (bis auf das Koriandergrün) mit dem Dressing mischen und den Salat mindestens 30 Minuten ziehen lassen. Anschließend nochmals durchmischen und evtl. nochmals mit Salz und Pfeffer abschmecken, Koriandergrün nach Wunsch unterheben und servieren.

29 SCHARFER ASIA-PICKLE-SALAT

DAS BRAUCHST DU

100 g Spitzkohl
150 g weißer Rettich
150 g Möhre
150 g Gurke
1 Bund Frühlingszwiebeln
1 kleine rote Chilischote
300 ml Reisessig
150 g Zucker
2 EL Meersalz

SO GEHT'S

1 Den Spitzkohl waschen, putzen und den Strunk wegschneiden. Rettich und Möhre schälen und in dünne Scheiben schneiden oder hobeln. Gurke waschen und in schmale Stifte schneiden – wer will, kann das gesamte Gemüse auch auf dem Spiralschneider in dünne Spiralen hobeln. Frühlingszwiebeln waschen, putzen und den unteren festen Teil in ca. 2 cm lange Stücke schneiden (die dünnen grünen Stücke nicht verwenden). Chilischote waschen, halbieren, entkernen und fein hacken. Alles mischen und in ein großes Schraub- oder Bügelglas füllen.

2 Essig mit Zucker und Salz in einem Topf unter Rühren erhitzen, bis sich der Zucker vollständig aufgelöst hat. Einmal aufkochen lassen, dann über das Gemüse gießen. Das Gemüse gut in die Essigmischung drücken und das Glas verschließen. Abkühlen und 1 Tag durchziehen lassen. Das Gemüse hält sich im Kühlschrank gut 2 Wochen.

1. KAPITEL:
EIN BURGER AUF REISEN ...

(Fast) klassische Fleischpattys gemixt mit Belägen aus der ganzen Welt

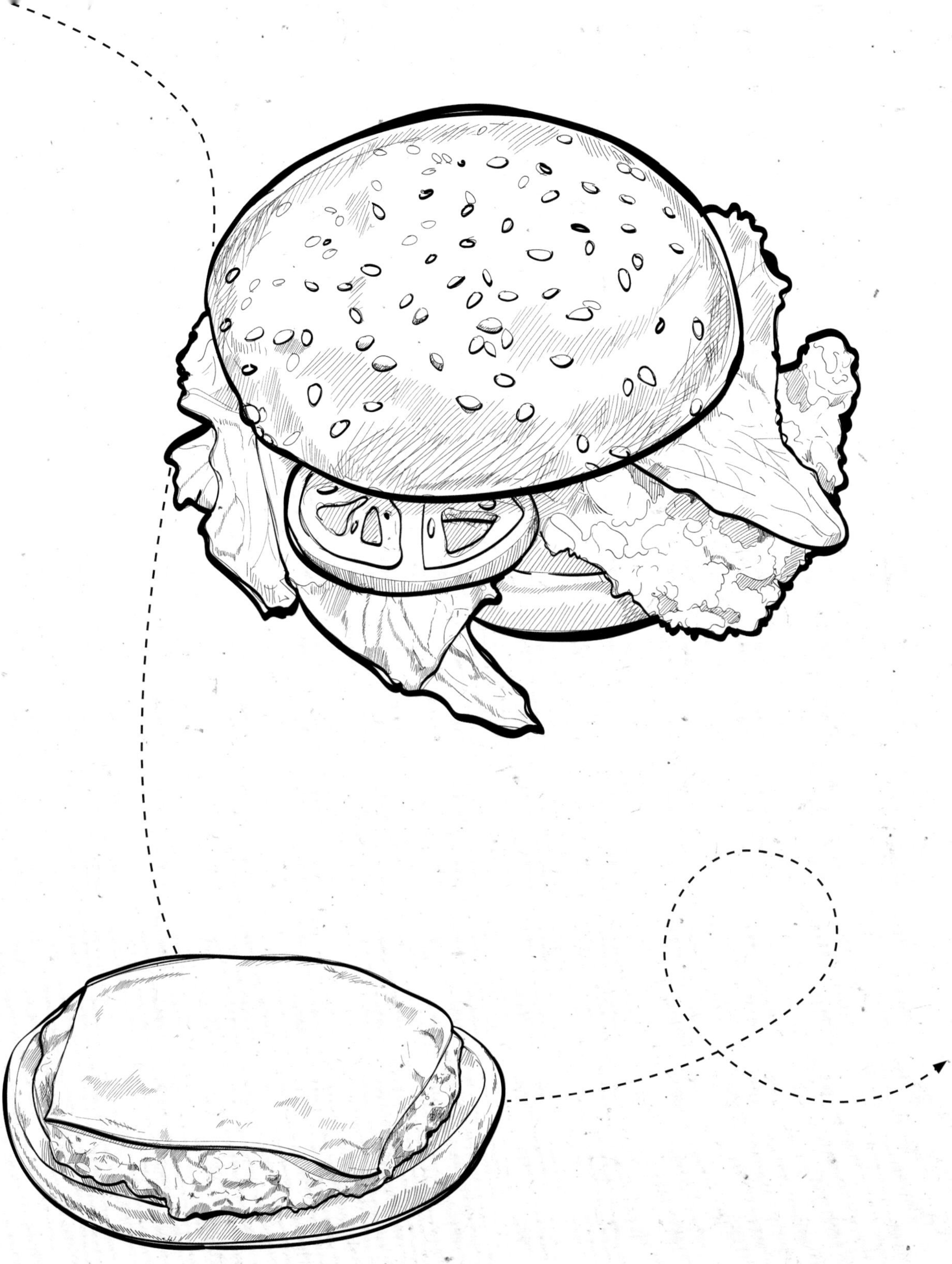

30

Für offene Grillgeräte

BLT-DELUXE

DAS BRAUCHST DU

FÜR DIE PATTYS

480 g Rinderhackfleisch (s. S. 10)

Salz, Pfeffer

FÜR DIE PARMESANTOMATEN

4–5 Blätter Eisbergsalat

1 rote Zwiebel

1 große, feste Fleischtomate

2 EL Olivenöl

Salz, Pfeffer

¼ TL Oregano

6 EL fein geriebener Parmesan

12 Scheiben Bacon

4 EL Ketchup (s. S. 22 oder Fertigprodukt)

6 EL Knoblauch-Mayonnaise (s. S. 25)

AUSSERDEM

4 Burger Buns (s. S. 14)

grilltaugliche Pfanne

Fett für den Rost

SO GEHT'S

1 Die Pattys, wie auf S. 12 beschrieben, vorbereiten und kühl stellen. Eisbergsalat waschen, trocken schleudern, Blätter übereinanderlegen und in ganz feine Streifen schneiden. Die Zwiebel schälen und in feine Ringe schneiden.

2 Grill aufheizen. Tomate waschen und quer in ca. 5 mm dicke Scheiben schneiden. Olivenöl in einer beschichteten grilltauglichen Pfanne auf direkter Hitze heiß werden lassen. Tomaten hineinlegen, salzen, pfeffer, mit Oregano und 1 ½ EL Parmesan bestreuen. 2–3 Minuten garen, wenden und wiederum mit 1 ½ EL Parmesan bestreuen und weitere 1–3 Minuten grillen – sie sollten weich, aber nicht matschig und der Käse knusprig gebräunt sein. Beiseite stellen und abdecken, damit sie warm bleiben.

3 Die Buns halbieren. Auf den Grillrost legen und rösten (s. S. 8), nach Möglichkeit warm halten. Dann den gut vorgeheizten Grillrost mit fetten. Die vorbereiteten Pattys salzen und pfeffern. Auf den Grillrost legen und garen (s. S. 12). Den Speck auf den Grillrost legen und unter gelegentlichem Wenden knusprig braun braten.

4 Die Bun-Böden mit Ketchup bestreichen, je 1 Patty auflegen, darauf die Baconstreifen, darüber die Parmesantomaten legen. Tomaten mit restlichem Käse bestreuen, darüber Zwiebelringe und zuletzt den Salat auflegen. Die Bun-Deckel mit Knoblauch-Mayonnaise bestreichen, auflegen und sofort servieren – evtl. mit einem Holzstäbchen fixieren.

TIPP

B (Bacon), L (Lettuce), T (Tomato): Die klassische US-Sandwich-Kombi aus kross geröstetem Speck, Eisbergsalat und Tomate wird hier neu aufgelegt: Statt normalen Tomatenscheiben geben hier die Parmesantomaten und Knoblauch-Mayonnaise den ganz besonderen Twist.

31

Für offene Grillgeräte

SWISS CHEESE-BURGER

DAS BRAUCHST DU

FÜR DIE PATTYS

480 g Rinderhackfleisch (s. S. 10)

Salz, Pfeffer

FÜR DIE RACLETTE-REMOULADE

½ Portion Mayonnaise (s. S. 24 oder aus dem Glas)

1 kleines Glas Mixed Pickles (ca. 330 g Füllgewicht)

1 EL Kapern

80 g griechischer Joghurt (10 % Fett)

1 EL Crème fraîche

½ Bund Petersilie

Salz, Pfeffer

Zucker

AUSSERDEM

1 gute Handvoll Feldsalat

1–2 Tomaten

12 Scheiben Bacon

4 Kartoffel-Buns (s. S. 17)

4 dünne Scheiben Raclette- oder Bergkäse

Fett für den Rost

SO GEHT'S

1 Die Pattys, wie auf S. 12 beschrieben, vorbereiten und kühl stellen. Inzwischen für die Remoulade eine Mayonnaise, wie auf S. 24 beschrieben, herstellen (oder fertige aus dem Glas nehmen). 70 g Pickles und Kapern abtropfen lassen, in kleine Stückchen schneiden oder hacken und mit Joghurt und Crème fraîche unter die Mayonnaise heben. Petersilie waschen, trocken schütteln, Blättchen abzupfen, fein hacken, 2 EL beiseite legen, den Rest unter die Remoulade heben und diese mit Salz, Pfeffer, 1–2 Prisen Zucker und evtl. etwas Pickle-Einlegesud abschmecken. Diese Arbeitsschritte lassen sich gut vorbereiten.

2 Den Grill aufheizen. Feldsalat waschen, gut trocken tupfen und etwas zerzupfen. Tomaten waschen und quer in dünne Scheiben schneiden. Den Speck auf den eingefetteten Grillrost legen und unter gelegentlichem Wenden knusprig braun braten.

3 Die Buns halbieren und rösten (s. S. 8), nach Möglichkeit warm halten. Die Bun-Böden mit Remoulade bestreichen und mit der Hälfte Feldsalat belegen. Pattys salzen und pfeffern. Auf den eingefetteten Grillrost legen und garen. Dabei nach dem Wenden jeweils 1 Scheibe Käse auflegen und schmelzen lassen (s. S. 12). Pattys auf den Salat legen, darauf die Tomaten, darüber den Speck und den übrigen Feldsalat. Bun-Deckel auflegen und sofort servieren.

32

ELCHTEST-BURGER

Für offene Grillgeräte

DAS BRAUCHST DU

FÜR DIE KÖTTBULLAR-PATTYS

1 Pellkartoffel (vom Vortag, 120 g)

1 große Zwiebel

1 EL Sonnenblumenöl

1–2 EL Semmelbrösel

380 g gemischtes Hackfleisch (halb und halb) (s. S. 10)

3 EL Sahne

1 Ei (Größe S)

Salz, Pfeffer

frisch geriebene Muskatnuss

FÜR DAS PREISELBEERKOMPOTT

1 kleiner Apfel

20 g frischer Ingwer

200 g Preiselbeeren (frisch oder tiefgekühlt)

75 g Zucker

120 ml Apfelsaft

1 Sternanis

3–4 EL Zitronensaft

AUSSERDEM

4 große Blätter Lollo bianco

1 große gegarte Rote Bete (vakuumverpackt)

4 Roggenbrötchen, alternativ Burger Buns (s. S. 14)

6 EL Mayonnaise (s. S. 24)

4 Scheiben gekochten (Honig-)Schinken

Fett für den Rost

SO GEHT'S

1 Für das Preiselbeerkompott Apfel vierteln, das Kerngehäuse herausschneiden und die Viertel grob raspeln. Ingwer schälen und in Scheiben schneiden. Preiselbeeren waschen. Zucker in einem Topf goldbraun karamellisieren lassen und mit Apfelsaft ablöschen – vorsicht, es kann spritzen! Sternanis in den Topf geben und bei großer Hitze so lange unter Rühren kochen, bis sich der Karamell aufgelöst hat. Preiselbeeren, Apfel und Ingwer zugeben und bei kleiner Hitze 20–30 Minuten offen köcheln lassen. Mit Zitronensaft abschmecken, Sternanis und Ingwer herausfischen, dann nach Wunsch noch pürieren und abkühlen lassen.

2 Inzwischen für die Pattys die Kartoffel pellen und durchpressen oder mit einer Gabel fein zermusen. Zwiebel schälen, fein würfeln und in einer kleinen Pfanne in Öl goldgelb braten, gegen Ende Semmelbrösel zugeben und kurz mitrösten. Die Zwiebelmasse mit der Kartoffel, Hackfleisch, Sahne und Ei vermengen, mit Salz, Pfeffer und Muskatnuss würzen. Aus der Masse anschließend 4 Pattys formen und kühl stellen (s. S. 12). Diese Arbeitsschritte lassen sich gut vorbereiten.

3 Salatblätter waschen und trocken tupfen, Rote Bete in dünne Scheiben schneiden oder hobeln.

4 Den Grill aufheizen. Die Buns halbieren und rösten (s. S. 8), nach Möglichkeit warm halten. Die Bun-Böden mit Mayonnaise bestreichen. Die Pattys auf den eingefetteten Grillrost legen (s. S. 12) und garen. Je 1 Patty auf eine untere Bun-Hälfte legen und mit 1–2 EL Preiselbeerkompott beträufeln. Darauf je 1 Salatblatt legen, Rote-Bete-Scheiben darauflegen, darüber je 1 Scheibe Schinken. Mit restlichem Preiselbeerkompott beträufeln und die Bun-Deckel auflegen.

TIPP

Wer im Supermarkt fündig wird, packt noch Rote-Bete-Sprossen auf den Burger – die passen nicht nur optisch ideal, sondern sind auch eine leckere Zugabe.

33

Für offene Grillgeräte

THE ITALIAN **STALLION**

DAS BRAUCHST DU

FÜR DIE PATTYS

480 g gemischtes Hackfleisch (halb und halb, s. S. 10)

FÜR DAS PESTO

100 g Basilikum

2 EL Pinienkerne

1 kleine Knoblauchzehe

90 ml Olivenöl

50 g frisch geriebener Parmesan

Salz, Pfeffer

2–3 Spritzer Zitronensaft

AUSSERDEM

6 EL Knoblauch-Mayonnaise (s. S. 25)

2 EL Sahne

50 g frisch geriebener Parmesan

1 Bund Rucola

1–2 Fleischtomaten

1 (Büffel-)Mozzarella (à 150 g)

4 Burger Buns (s. S. 14)

Fett für den Rost

SO GEHT'S

1 Die Pattys, wie auf S. 12 beschrieben, vorbereiten und kühl stellen. Inzwischen für das Pesto Basilikum waschen, trocken schütteln, 2 Stiele beiseitelegen, vom Rest die Blätter abzupfen und gut trocken tupfen. Pinienkerne in einer Pfanne ohne Fett goldbraun rösten, abkühlen lassen. Knoblauch schälen, grob hacken und mit Basilikum, Pinienkernen und Öl fein pürieren. Parmesan unterrühren und mit Salz, Pfeffer und Zitronensaft würzen. Diese Arbeitsschritte lassen sich gut vorbereiten.

2 Mayonnaise mit Sahne und Parmesan verrühren, evtl. mit etwas Pfeffer nachwürzen und kurz ziehen lassen. Währenddessen Rucola waschen, trocken schütteln, grobe Stiele wegschneiden, die Blättchen evtl. kleiner zupfen. Tomaten waschen und quer in dünne Scheiben schneiden, Mozzarella trocken tupfen und in dicke Scheiben schneiden. Vom beiseitegelegten Basilikum die Blätter abzupfen.

3 Den Grill aufheizen. Die Pattys salzen, pfeffern und auf den eingefetteten Grillrost legen (s. S. 12). Währenddessen Buns halbieren und rösten (s. S. 8). Die Bun-Böden mit je 1 EL Parmesan-Knoblauch-Mayonnaise bestreichen, restliche Mayo auf die Bun-Deckel streichen.

4 Die Hälfte Rucola auf den Bun-Böden verteilen. Gebratene Pattys auflegen, Mozzarella auflegen, darauf 1 EL Pesto verteilen, darauf restlichen Rucola und einige Basilikumblättchen geben, Tomaten darauflegen und mit restlichem Pesto beträufeln. Mit übrigen Basilikumblättchen bestreuen, Bun-Deckel auflegen und servieren.

34

Für offene Grillgeräte

SPANISH-NIGHT-BURGER

DAS BRAUCHST DU

FÜR DIE PATTYS

480 g gemischtes Hackfleisch (halb und halb, s. S. 10)

¾ TL Piménton de la vera (nach Belieben)

Salz, Pfeffer

FÜR DAS AIOLI

3 Knoblauchzehen

100 ml Milch

2 EL Dijon-Senf

2 TL Zitronensaft

150–200 ml Olivenöl

Salz, Pfeffer

Zucker

AUSSERDEM

4 gelbe und 5 rote gegrillte Paprikascheiben (s. S. 33)

4 große Blätter Kopfsalat

200 g Chorizo (am Stück)

4 dünne Scheiben Manchego-Käse

4 schwarze Burger Buns (s. S. 15)

Fett für den Rost

SO GEHT'S

1 Für die Pattys das Hackfleisch nach Wunsch mit Piménton de la vera würzen, anschließend 4 Pattys daraus formen und kühlen (s. S. 12).

2 Für das Aioli alle Zutaten aus dem Kühlschrank nehmen – sie sollten Zimmertemperatur haben. Knoblauch schälen und grob hacken. Mit Milch, Senf und Zitronensaft und 1 roten, gegrillten Paprikascheibe mit dem Stabmixer fein pürieren, dann Olivenöl erst tröpfchenweise zugeben und mitpürieren. Sobald die Masse cremiger wird, das Öl in dünnem Strahl zugeben, bis eine schöne Creme entstanden ist. Aioli mit Salz, Pfeffer und 1–2 Prisen Zucker würzen. Salat waschen und trocken tupfen. Diese Arbeitsschritte lassen sich auch gut vorbereiten.

3 Den Grill aufheizen. Die Chorizo längs in 8 dünne Scheiben schneiden. Auf den eingefetteten Grillrost legen und knusprig garen.

4 Nun die Pattys salzen, pfeffern und grillen (s. S. 12). Währenddessen Buns halbieren und rösten (s. S.8). Die Bun-Böden mit der Hälfte Aioli bestreichen. Die Pattys auflegen, darauf je 1 Scheibe Manchego legen, darauf jeweils 1 rote und gelbe Paprikascheibe verteilen, übrige Aioli daraufgeben und die Chorizoscheiben darüberlegen, mit je 1 Salatblatt obenauf abschließen, den Bun-Deckel auflegen und die Burger sofort servieren.

35

Für Grillgeräte mit Deckel

DAS BRAUCHST DU

FÜR DIE PATTYS

480 g gemischtes Hackfleisch (halb und halb, s. S. 10)

½ TL getrockneter Oregano

Salz, Pfeffer

FÜR DIE TOMATENCREME

50 g getrocknete Tomaten

6 grüne Oliven (ohne Stein)

2 EL Olivenöl

½ TL getrockneter Oregano

15 g Kirschtomaten

1 ½ Knoblauchzehen

Salz, Pfeffer

¼ TL Zucker

FÜR DIE JOGHURTSAUCE

50 g Feta

250 g griechischer Joghurt (10 % Fett)

½ Knoblauchzehe

2 Zweige Minze

Salz, Pfeffer

AUSSERDEM

1 Bio-Mini-Gurke

4 Burger Buns (s. S. 14)

4–8 gegrillte Auberginenscheiben (s. S. 33)

Aluschale

Fett für den Rost

ZORBAS, THE GREEK

SO GEHT'S

1 Für die Pattys das Hackfleisch mit Oregano würzen, 4 Pattys daraus formen und kühlen (s. S. 12).

2 Für die Joghurtsauce Feta mit einer Gabel fein zerbröseln und mit Joghurt glatt verrühren. Knoblauch schälen und dazupressen. Die Minze waschen, trocken schütteln, Blättchen abzupfen und fein hacken. Unterrühren und mit Salz und Pfeffer würzen, evtl. zusätzlich 1 EL Wasser unterrühren, damit eine dickliche Sauce entsteht. Gurke waschen, putzen und längs in schmale Streifen hobeln.

3 Für die Tomatencreme getrocknete Tomaten und Oliven grob zerschneiden. Mit 1 EL Öl und Oregano mit dem Stabmixer grob pürieren. Diese Arbeitsschritte lassen sich gut vorbereiten.

4 Das Gerät vorbereiten und auf mittlere Hitze aufheizen. Kirschtomaten waschen, halbieren und mit der Schnittfläche nach oben in eine Aluschale legen. Knoblauch schälen, in Scheiben schneiden und zwischen den Tomaten verteilen. Alles mit 1 EL Olivenöl beträufeln, mit Salz, Pfeffer und Zucker würzen. Bei geschlossenem Deckel 20–25 Minuten garen, bis sie leicht bräunen. Zwischendurch vermischen. Tomaten herausnehmen und leicht abkühlen lassen. Mit dem Tomatenpüree sehr gut vermischen, die Tomaten sollen zermusen. Mit Salz und Pfeffer würzen.

5 Die Grillhitze erhöhen. Die Pattys salzen, pfeffern, auf den eingefetteten Grillrost legen und garen (s. S. 12). Gleichzeitig die Buns halbieren und rösten (s. S. 8). Die Bun-Böden mit der Tomatencreme bestreichen, darauf je 1–2 Auberginenscheiben legen. Pattys darauflegen, mit Gurken belegen und die Joghurtsauce darüberträufeln. Bun-Deckel auflegen und servieren.

36

Für offene Grillgeräte

FRENCH-BISTRO- **BURGER**

DAS BRAUCHST DU

FÜR DIE PATTYS

480 g gemischtes Hackfleisch (halb und halb, s. S. 10)

Salz, Pfeffer

FÜR DAS ZWIEBELCONFIT

3 Zwiebeln (ca. 300 g)

1 ½ EL Zucker

120 ml Rotwein

2 EL Aceto balsamico

1 Zweig Thymian

2 EL Cassis (Johannisbeerlikör, nach Belieben)

AUSSERDEM

4 große Feigen

180 g Roquefort (alternativ Gorgonzola)

2 Handvoll Feldsalat

4 Burger Buns (s. S. 14)

6 EL Mayonnaise (s. S. 24 oder aus dem Glas)

Fett für den Rost

SO GEHT'S

1 Die Pattys, wie auf S. 12 beschrieben, vorbereiten und kühl stellen. Inzwischen für das Zwiebelconfit Zwiebeln schälen, längs halbieren und in schmale Streifen schneiden. Zucker in einem Topf schmelzen und goldgelb karamellisieren lassen. Zwiebeln zugeben, unter Rühren kurz anschwitzen, dann mit Wein und Essig ablöschen. Thymian waschen, zugeben und alles zugedeckt 45–50 Minuten bei kleiner bis mittlerer Hitze garen, bis die Flüssigkeit so gut wie verdunstet ist und die Zwiebeln weich sind. Dabei gelegentlich umrühren und kurz vor Garzeitende nach Belieben den Cassis unterrühren. Zwiebelconfit abkühlen lassen. Diese Arbeitsschritte lassen sich gut vorbereiten.

2 Die Feigen waschen und vorsichtig quer in dünne Scheiben schneiden. Roquefort in dünne Scheiben schneiden (falls er noch fest ist) oder in Stücke brechen (falls er reifer ist). Feldsalat waschen, putzen und trocken schleudern, evtl. kleiner zupfen.

3 Den Grill aufheizen. Die Pattys salzen und pfeffern, dann auf den gefetteten Grillrost legen und garen (s. S. 12). Gegen Ende den Roquefortkäse auf die Pattys legen und leicht schmelzen lassen (s. S. 12). Gleichzeitig die Buns halbieren und auf dem Grillrost rösten (s. S. 8). Die Bun-Böden anschließend mit je ½ EL Mayonnaise dünn bestreichen, darauf etwa dreiviertel Feldsalat verteilen. Darauf das Zwiebelconfit häufen und die Pattys samt Roquefort daraufsetzen. Mit Feigen belegen, restlichen Feldsalat auflegen. Die übrige Mayonnaise auf die Bun-Deckel streichen, auflegen, leicht festdrücken und die Burger sofort servieren.

37

Für offene Grillgeräte

DAS BRAUCHST DU

FÜR DIE PATTYS

480 g Rinderhackfleisch (s. S. 10)
1 EL Kapern
1 TL körniger Senf
Salz, Pfeffer

AUSSERDEM

8 Cornichons
1 weiße Zwiebel
8 Blätter Kopfsalat
3 EL Butter
4 Eier (Größe S)
Salz, Pfeffer
4 Burger Buns (s. S. 14)
8 EL Estragon-Mayonnaise (s. S. 25)
1 grilltaugliche Pfanne
Fett für den Rost

LE-TATAR-BURGER

SO GEHT'S

1 Für die Pattys Rindfleisch, wie auf S. 12 beschrieben, mit Kapern und Senf durchdrehen oder Kapern abtropfen lassen, ganz fein hacken und mit Senf unter das Hackfleisch mengen. Daraus 4 Pattys formen (s. S. 12) und kühl stellen.

2 Cornichons abtropfen lassen und von einem Ende her längs fächerartig in schmale Streifen schneiden, sodass sie am anderen Ende noch zusammenhängen. Die Zwiebel schälen und in feine Ringe schneiden. Kopfsalat waschen, gut trocken schütteln.

3 Grill aufheizen. Die Butter in einer grilltauglichen Pfanne zerlassen, Eier hineingeben und daraus 4 möglichst runde Spiegeleier braten (s. Tipp), diese salzen, pfeffern und warm halten.

4 Die Pattys salzen, pfeffern, auf den gefetteten Grillrost legen und garen (s. S. 12). Gleichzeitig die Buns halbieren und auf dem Grillrost rösten (s. S. 8). Anschließend Bun-Böden und -Deckel mit je 1 EL Estragon-Mayonnaise bestreichen. Auf den Boden je 1 Salatblatt legen, darauf je 1 fertiges Patty. Auf das Patty je 2 aufgefächerte Cornichons legen, je 1 Spiegelei darauflegen. Zwiebelringe auf dem Ei verteilen, alles mit je 1 Salatblatt abdecken. Bun-Deckel auflegen und die Burger servieren.

TIPP

Wer auch ansonsten perfekt runde Spiegeleier möchte: Es gibt im Fachhandel extra Spiegeleiförmchen, die das Ei in der heißen Pfanne in Form halten.

38

Für Grillgeräte mit Deckel

BOSPORUS-BURGER

DAS BRAUCHST DU

FÜR DIE BOSPORUS-PATTYS

240 g Rinderhackfleisch (s. S. 10)
240 g Lammhackfleisch
2 TL Gyros-Gewürzmischung
½ TL getrockneter Oregano
Salz, Pfeffer

FÜR DIE AUBERGINEN

2 Auberginen (à ca. 300 g)
2 TL Olivenöl
1 Knoblauchzehe
Salz, Pfeffer
2 Stängel Minze
3 Stängel Petersilie
1 TL Zitronensaft
½ TL Pul Biber (nach Belieben)

AUSSERDEM

150 g Feta
1–2 Tomaten
1 kleine Zwiebel
8 Blätter Kopfsalat
4 Burger Buns (s. S. 14)
1 Glas Ajvar (ca. 300 g)
1 glatte Grillplatte (Gusseisen)
Fett für Grillplatte und Rost

SO GEHT'S

1 Für die Pattys das Rinder- und Lammhackfleisch mit Gewürzmischung und Oregano vermengen. Daraus Pattys, wie auf S. 12 beschrieben, vorbereiten und kühl stellen.

2 Den Grill aufheizen, eine eingelegte Grillplatte mit erhitzen und gut fetten. Auberginen waschen, Stielansätze abschneiden, längs halbieren und die Schnittflächen mit je ½ TL Olivenöl bepinseln. Knoblauch schälen und durchpressen, auf den Schnittflächen verteilen, leicht salzen und pfeffern. Die Auberginen mit der Schnittseite nach unten auf die Grillplatte legen und bei geschlossenem Deckel 30–35 Minuten garen, bis das Fruchtfleisch richtig weich ist.

3 Auberginen herausnehmen, leicht abkühlen lassen. Inzwischen die Kräuter waschen, trocken schütteln, Blättchen abzupfen und fein hacken. Feta in 4 gleich große Scheiben schneiden, Tomaten waschen und quer in Scheiben schneiden. Zwiebel schälen und in dünne Ringe schneiden. Salat waschen und trocken tupfen.

4 Das leicht ausgekühlte Auberginenfleisch mit einem Löffel aus der Schale kratzen und grob hacken, anschließend mit den Kräutern und Zitronensaft mischen, mit Salz, Pfeffer und Pul Biber würzen.

5 Die Grillplatte entfernen und durch den Rost ersetzen. Die Pattys salzen und peffern, auf den gefetteten Grillrost legen und garen (s. S. 12). Gleichzeitig die Buns halbieren und auf dem Grillrost rösten (s. S. 8). Die Bun-Böden und -Deckel mit je 1–2 EL Ajvar bestreichen. Je 1 Salatblatt auflegen, darauf das Auberginenhack verteilen und rund formen. Dann je 1 Patty auflegen, 1 EL Ajvar darauf verteilen, dann den Feta darauflegen, darauf Tomaten und Zwiebelringe. Mit einem Salatblatt obenauf abschließen. Bun-Deckel auflegen und sofort servieren.

39

Für offene Grillgeräte

DAS BRAUCHST DU

FÜR DIE ORIENTAL PATTYS

240 g Rinderhackfleisch (s. S. 10)
240 g Lammhackfleisch
1 große Zwiebel
1 Knoblauchzehe
1 EL Olivenöl
1 EL fein gehackte Minze
1 ½ EL Ras el Hanout (orientalische Gewürzmischung)
Salz, Pfeffer

AUSSERDEM

1 kleiner Granatapfel
1 kleines Bund Rucola
2 Zweige Minze
4 Safran-Buns (s. S. 15)
2 Portionen Safran-Mayonnaise (s. S. 25)
8 gegrillte Zucchinischeiben (s. S. 33)
Fett für den Rost

ORIENTAL BURGER

SO GEHT'S

1 Für die Pattys die beiden Fleischsorten mischen. Zwiebel und Knoblauch schälen und fein würfeln. Olivenöl in einer beschichteten Pfanne goldgelb anschwitzen. Die Zwiebelmischung mit Minze unter das Hackfleisch mengen oder mit dem Fleisch durch den Fleischwolf drehen. Anschließend mit Ras el Hanout würzen, gut durchkneten und zu 4 Pattys formen und abgedeckt kühl stellen (s. S. 12).

2 Aus dem Granatapfel unten rings um den Stielansatz keilförmig ein Stück ausschneiden, links und rechts davon leicht einschneiden und an diesen Stellen in zwei Hälften brechen. Dann die Fruchtkerne vorsichtig aus den Häuten lösen. Rucola waschen, trocken schütteln, grobe Stiele entfernen, Blätter evtl. kleiner zupfen. Minze waschen, trocken schütteln, Blättchen abzupfen und grob zerzupfen.

3 Den Grill aufheizen. Die Buns halbieren und kurz auf dem Grillrost rösten (s. S. 8). Die Bun-Böden und -Deckel mit Safran-Mayonnaise bestreichen. Die Hälfte Rucola und einige Granatapfelkerne auf die Böden streuen. Die Pattys salzen und pfeffern. Auf den eingefetteten Grillrost legen und garen (s. S. 12), anschließend auf die Bun-Böden setzen, Zucchinischeiben daraufgeben (evtl. jeweils einmal zusammenlegen), mit übrigem Rucola, Minze und einigen Granatapfelkernen bestreuen. Burger-Deckel auflegen und sofort servieren.

40

Für offene Grillgeräte

CASABLANCA-BURGER

DAS BRAUCHST DU

FÜR DIE PATTYS

480 g Rinderhackfleisch (s. S. 10)

Salz, Pfeffer

APRIKOSEN-ZWIEBEL-RELISH

5 Frühlingszwiebeln

5 getrocknete Soft-Aprikosen

15 g frischer Ingwer

2 EL Olivenöl

1 EL Honig

2 EL Weißweinessig

2–3 Msp. Chiliflocken

Salz, Pfeffer

AUSSERDEM

1 Bund Brunnenkresse (alternativ Rucola)

2 Tomaten

4 Oriental Buns (s. S. 18)

8 EL Red-Hot-Mayonnaise (s. S. 25)

8 gegrillte Zucchinischeiben (s. S. 33)

4 gegrillte Auberginenscheiben (s. S. 33)

Fett für den Rost

SO GEHT'S

1 Für das Relish die Frühlingszwiebeln waschen, putzen, den grünen Teil in dickere Ringe schneiden, den weißen längs vierteln und in feine Stückchen schneiden. Die Aprikosen klein würfeln. Den Ingwer schälen und fein hacken. Das Öl in einem kleinen Topf erhitzen, darin die weißen Zwiebelteile anschwitzen. Ingwer und Aprikosen zugeben und kurz mitbraten. Dann den Honig zugeben und unter Rühren leicht karamellisieren lassen. Den Essig unterrühren, mit Chili, Salz und Pfeffer würzen. Weitere 6–8 Minuten zugedeckt bei kleiner Hitze garen. Das Zwiebelgrün unterrühren und vom Herd nehmen. Abkühlen lassen. Inzwischen die Pattys, wie auf S. 12 beschrieben, vorbereiten und kühl stellen. Diese Arbeitsschritte lassen sich gut vorbereiten.

2 Die Brunnenkresse waschen und verlesen. Die Blättchen in kleinen Ästchen abzupfen. Die Tomaten waschen und quer in Scheiben schneiden, dabei den Stielansatz entfernen.

3 Den Grill aufheizen. Die Buns halbieren und auf dem Grillrost rösten (s. S. 8). Pattys salzen und pfeffern. Auf den eingefetteten Grillrost legen und garen (s. S. 12). Die Bun-Böden und -Deckel mit Red-Hot-Mayonnaise bestreichen. Auf den Böden einige Kresseblätter verteilen. Je 2 Zucchinischeiben darauf falten. Das Patty auflegen und darauf je ein Viertel des Aprikosen-Zwiebel-Relishs verteilen. Darüber zuerst die Tomatenscheiben, dann die Auberginenscheiben geben. Die Kresseblätter darauf verteilen, den Bun-Deckel auflegen und sofort servieren.

41

Für offene Grillgeräte

DAS BRAUCHST DU

FÜR DIE PATTYS

480 g Rinderhackfleisch (s. S. 10)

Salz, Pfeffer

FÜR DAS BOHNENMUS

1 Zwiebel

1 Knoblauchzehe

1 Dose Kidney-Bohnen (400 g Füllgewicht)

2 EL Olivenöl

1 ½ EL Tomatenmark

1 ½ TL Chili-Gewürzmischung (für Chili con carne)

Salz, Pfeffer

AUSSERDEM

1 rote Zwiebel

2 Tomaten

3 EL eingelegte Jalapeño-Ringe (aus dem Glas)

1 reife Avocado

1 TL Limettensaft

4 Burger Buns (s. S. 14), mit Chiliflocken bestreut

4 Scheiben Cheddar

4 EL Barbecuesauce (s. S. 23 oder Fertigprodukt)

Fett für den Rost

THE MEXICAN

SO GEHT'S

1 Die Pattys, wie auf S. 12 beschrieben, vorbereiten und kühl stellen. Inzwischen für das Bohnenmus Zwiebel und Knoblauch schälen und fein hacken. Bohnen in ein Sieb abgießen, dabei Einlegeflüssigkeit auffangen. Öl in einer kleinen beschichteten Pfanne erhitzen, darin Zwiebel und Knoblauch anschwitzen. Tomatenmark unterrühren, kurz mitrösten, dann die Bohnen zugeben. Mit Chili-Gewürzmischung, Salz und Pfeffer würzen und die Hälfte Einlegewasser unterrühren.

2 Die Bohnen offen 10 Minuten bei kleiner bis mittlerer Hitze garen, dabei gelegentlich umrühren und nach Möglichkeit etwas mehr Einlegewasser zugeben. Die Flüssigkeit sollte am Ende verdunstet sein. Die Bohnen anschließend mit dem Kartoffelstampfer oder einer Gabel grob zermusen, warm halten. Diese Arbeitsschritte lassen sich gut vorbereiten.

3 Die Zwiebel schälen und in dünne Ringe schneiden. Tomaten waschen und quer in Scheiben schneiden, dabei den Stielansatz entfernen. Jalapeños gut abtropfen lassen. Die Avocado halbieren, Kern und Schale entfernen und die Hälften in schmale Streifen schneiden. Sofort in Limettensaft wenden, damit sie nicht braun werden.

4 Den Grill aufheizen. Die Buns halbieren und kurz auf dem Grillrost rösten (s. S. 8). Pattys salzen und pfeffern. Auf den gefetteten Grillrost legen und garen. Dabei nach dem Wenden jeweils eine Scheibe Käse auflegen und schmelzen lassen (s. S. 12). Währenddessen Bohnenmus auf die Bun-Böden geben und leicht festdrücken, die Bun-Deckel mit Barbecuesauce bestreichen. Pattys mit Käse auf das Bohnenmus legen, darauf erst Zwiebeln, dann Avocado und Tomaten legen. Zuletzt die Jalapeño-Ringe aufstreuen und den Bun-Deckel auflegen. Die Burger sofort servieren.

42

Für offene Grillgeräte

NYC-DELI- BURGER

DAS BRAUCHST DU

FÜR DIE PATTYS

480 g Rinderhackfleisch (s. S. 10)

Salz, Pfeffer

FÜR DAS GURKENRELISH

1 Gurke (ca. 300 g)

2 Schalotten

½ kleine milde rote Chilischote

50 g Zucker

80 ml Weißweinessig

1 TL Kurkumapulver

1 TL gelbe Senfsamen

1 Stängel Estragon

5 Stängel Dill

Salz, Pfeffer

AUSSERDEM

1 Tomate

8 Blätter Lollo rosso

4 Roggenbrötchen, alternativ Burger Buns (s. S. 14)

4 Scheiben Cheddar

4 EL Mayonnaise (s. S. 24 oder aus dem Glas)

Fett für den Rost

SO GEHT'S

1 Für das Gurkenrelish die Gurke schälen, längs halbieren und die Kerne herauskratzen, dann ganz klein würfeln. Schalotten schälen und fein würfeln. Chili waschen, Kerne und Trennhäute entfernen und die Schote fein hacken. Den Zucker in einem Topf schmelzen. Schalotten dazugeben, unterrühren und vorsichtig mit Essig ablöschen. Chili, gemahlener Kurkuma und Senfsamen zugeben und alles bei mittlerer Hitze 10–12 Minuten offen sirupartig einkochen lassen.

2 Die Kräuter waschen, trocken schütteln, Blätter abzupfen und fein hacken, Gurkenwürfel in den Topf geben und 3–4 Minuten mitgaren, salzen und pfeffern. Vom Herd nehmen, Kräuter unterrühren und abkühlen lassen. Die Pattys, wie auf S. 12 beschrieben, vorbereiten und kühl stellen.

3 Tomate waschen und quer in dünne Scheiben schneiden, dabei den Stielansatz entfernen. Salat waschen und trocken schleudern Diese Arbeitsschritte lassen sich gut vorbereiten..

4 Den Grill aufheizen. Die Buns halbieren und kurz auf dem Grillrost rösten (s. S. 8). Nach Möglichkeit warm halten. Pattys salzen und pfeffern. Auf den eingefetteten Grillrost legen und garen. Dabei nach dem Wenden jeweils eine Scheibe Käse auflegen und schmelzen lassen (s. S. 12). Bun-Böden mit je 1 EL Mayonnaise bestreichen und 1 Salatblatt auflegen. Patty samt Käse auflegen. Tomatenscheiben darauflegen und reichlich Gurkenrelish daraufgeben. Mit 1 Salatblatt abschließen und die Bun-Deckel auflegen, sofort servieren.

TIPP

Wer möchte, bereitet gleich die doppelte Menge Gurkenrelish zu und füllt das nicht benötigte sofort heiß in ein sauber gespültes Schraubglas. Verschließen und abkühlen lassen, so hält es kühl gelagert 3–4 Wochen.

43

Für offene Grillgeräte

DAS BRAUCHST DU

FÜR DIE FRIKANDEL-PATTYS

1 Zwiebel
200 g Hähnchenbrustfilet
300 g gemischtes Hackfleisch (halb und halb) (s. S. 10)
1–3 EL Hühnerbrühe
1–2 EL Semmelbrösel
¾ TL gemahlener Koriander
je ⅓ TL gemahlener Ingwer und Kardamom
Salz, Pfeffer

AUSSERDEM

2 Zwiebeln
1–2 Tomaten
8 EL Ketchup (s. S. 22 oder Fertigprodukt)
1 TL Currypulver
4 Burger Buns (s. S. 14)
4 Scheiben junger Gouda
4 Scheiben gekochter Schinken
4 EL Mayonnaise (s. S. 24 oder aus dem Glas)
Fett für den Rost

OLD-AMSTERDAM-BURGER

SO GEHT'S

1 Für die Pattys Zwiebel schälen und grob würfeln. Mit dem Hähnchenfleisch durch den Fleischwolf (feinste Scheibe) drehen oder in der Küchenmaschine möglichst fein zerkleinern, das Hackfleisch zugeben und mit zerkleinern, die Masse sollte möglichst fein sein, evtl. beim Zerkleinern Hühnerbrühe zugeben und die Masse anschließend mit Semmelbrösel binden. Mit den Gewürzen würzen und gut durchkneten. Anschließend zu 4 Pattys formen und abgedeckt mindestens 1 Stunde kühl stellen (s. S. 12).

2 Zwiebeln schälen und in gröbere Würfel schneiden. Tomaten waschen und quer in dünne Scheiben schneiden, dabei den Stielansatz entfernen. Ketchup mit Currypulver verrühren. Diese Arbeitsschritte lassen sich gut vorbereiten.

3 Den Grill aufheizen. Die Buns halbieren und kurz auf dem Grillrost rösten (s. S. 8). Die Bun-Deckel mit je 1 EL Ketchup bestreichen, Bun-Böden ebenfalls mit je 1 EL Ketchup bestreichen und mit den Zwiebelwürfeln bestreuen. Pattys salzen und peffern, auf den eingefetteten Grillrost legen und garen. Dabei nach dem Wenden jeweils 1 Scheibe Käse auflegen und schmelzen lassen (s. S. 12). Pattys samt Käse auf die Zwiebeln legen. Darauf die Tomaten legen und darüber die Schinkenscheiben. Jeweils 1 EL Mayonnaise auf dem Schinken verteilen. Bun-Deckel auflegen und sofort servieren.

44

Für offene Grillgeräte

DAS BRAUCHST DU

FÜR DIE PATTYS

500 g Schweinenackensteaks (s. Tipp)

1 Zwiebel

6 Zweige Thymian

Salz, Pfeffer

AUSSERDEM

2 Äpfel (z. B. Boskop)

1 TL Zitronensaft

8 Blätter Kopfsalat

2–3 EL Butterschmalz

8 EL Mayonnaise (s. S. 24 oder aus dem Glas)

1 ½ EL körniger Senf

4 Kartoffel-Buns (s. S. 17)

6 EL Preiselbeerkompott (aus dem Glas)

Röstzwiebeln (s. S. 32)

Fett für den Rost

SIEGFRIEDS SCHATZ

SO GEHT'S

1 Für die Pattys das Schweinefleisch in Stücke schneiden. Zwiebel schälen und grob würfeln. Thymian waschen, trocken schütteln, Blätter abzupfen und mit Fleisch und Zwiebel durch den Fleischwolf drehen und zu 4 Pattys formen (s. S. 12), abgedeckt kühl stellen.

2 Äpfel waschen, Kerngehäuse mit einem Apfelausstecher oder einem Messer entfernen und die Äpfel quer in 5–6 mm dicke Scheiben schneiden. Sofort in Zitronensaft wenden, damit sie nicht braun werden. Salat waschen und gut trocken tupfen.

3 Das Butterschmalz in einer Pfanne erhitzen, darin die Apfelscheiben beidseitig in jeweils 2–3 Minuten braun braten – sie sollten weich und goldbraun sein, aber nicht matschig weich werden. Vom Herd nehmen, auf Küchenpapier abtropfen lassen und evtl. warm stellen. Diese Arbeitsschritte lassen sich gut vorbereiten.

4 Den Grill aufheizen. Die Buns halbieren und kurz auf dem Grillrost rösten (s. S. 8), nach Möglichkeit warm halten. Pattys salzen und pfeffern. Auf den gefetteten Grillrost legen und garen. Währenddessen Mayonnaise und Senf verrühren. Die Bun-Böden und -Deckel mit je 1 EL Senf-Mayonnaise bestreichen. Je 1 Salatblatt auf den Boden legen. Die fertigen Pattys daraufsetzen, Preiselbeerkompott darauf verteilen und jeweils mit den Apfelscheiben belegen. Röstzwiebeln auf den Äpfeln verteilen und mit je 1 Salatblatt abdecken. Bun-Deckel auflegen und die Burger sofort servieren.

TIPP

Wer nicht die Möglichkeit hat, das Fleisch selber durchzudrehen, lässt es vom Metzger durchdrehen und schwitzt die in diesem Fall klein gewürfelte Zwiebel dann vor dem Untermengen kurz an. Man kann auch ungewürztes Mett nehmen, das enthält allerdings meist mehr Fett.

45

Für offene Grillgeräte

SOUTHERN COMFORT

DAS BRAUCHST DU

FÜR DIE PATTYS

480 g Rinderhackfleisch (s. S. 10)

Salz, Pfeffer

FÜR DIE SWEET-POTATO-CREAM

1 große Süßkartoffel (380 g)

3 Zweige Thymian

25 g Butter

1 TL Honig

1–2 EL Limettensaft

Salz, Pfeffer

AUSSERDEM

je 1 gelbe und rote Tomate

6 Blätter Eisbergsalat

4 Kartoffel-Buns (s. S. 17)

4 Scheiben Bacon

8 EL Barbecuesauce (s. S. 23 oder Fertigprodukt)

Röstzwiebeln (s. S. 32)

Fett für den Rost

SO GEHT'S

1 Für die Sweet-Potato-Cream den Backofen auf 200 °C (Ober-/Unterhitze) vorheizen, ein Blech mit Backpapier auslegen. Die Süßkartoffel waschen und mit einer Gabel rundum mehrmals einstechen. Dann auf das Blech legen und in 60–75 Minuten weich garen, nach etwa der Hälfte der Zeit wenden. Thymian waschen, trocken schütteln, Blättchen abzupfen und fein hacken.

2 Inzwischen die Pattys, wie auf S. 12 beschrieben, vorbereiten und kühl stellen. Tomaten waschen und quer in Scheiben schneiden. Eisbergsalat waschen, trocken schleudern, die Blätter übereinanderlegen und in schmale Streifen schneiden.

3 Die Süßkartoffel aus dem Ofen nehmen und ein wenig abkühlen lassen. Inzwischen die Butter in einem Pfännchen zerlassen, Thymian hineingeben und kurz anschwitzen. Honig unterrühren, Pfanne vom Herd nehmen, den Limettensaft unterrühren und mit Salz und Pfeffer würzen. Das noch heiße Fruchtfleisch mit einem Löffel aus der Süßkartoffel kratzen. Würzbutter darübergeben und alles mit einer Gabel fein zermusen, anschließend zugedeckt warm halten.

4 Den Grill aufheizen. Die Buns halbieren und kurz auf dem Grillrost rösten (s. S. 8), nach Möglichkeit warm halten. Gleichzeitig die Pattys salzen und pfeffern. Auf den eingefetteten Grillrost legen und garen (s. S. 12). Den Speck ebenfalls auf den Rost legen und unter gelegentlichem Wenden knusprig braun braten. Bun-Deckel mit je 1 EL Barbecuesauce bestreichen. Die Bun-Böden dick mit Süßkartoffelcreme bestreichen und etwas Salat daraufgeben. Patty auflegen, darauf je 1 EL Barbecuesauce geben. Erst Speck, dann Tomaten auflegen. Röstzwiebeln darauf häufen. Bun-Deckel auflegen und die Burger servieren.

2. *KAPITEL:*
ES MUSS NICHT IMMER (RIND-) FLEISCH SEIN …

Burger mit alternativen Pattys:
andere Fleischsorten und auch mal Fisch

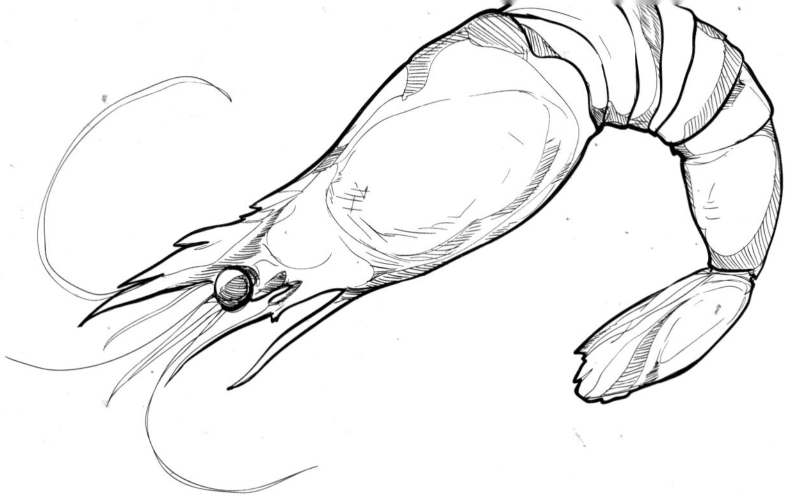

46

Für offene Grillgeräte

DAS BRAUCHST DU

4 Weißwürste

FÜR DEN KRAUTSALAT

500 g Spitzkohl
50 g magerer Räucherspeck
1 Zwiebel
3 EL Sonnenblumenöl
⅓ TL Zucker
4 EL Weißweinessig
125 ml Gemüsebrühe
¼ TL Kümmel
Salz, Pfeffer

FÜR DIE SENFCREME

4 EL Mayonnaise
(s. S. 24 oder aus dem Glas)
3 EL saure Sahne
2 ½ EL körniger Senf
Salz, Pfeffer

AUSSERDEM

1 Bund Radieschen
1 Bund Schnittlauch
4 Laugenbrötchen
Fett für den Rost

BIERGARTEN-BURGER

SO GEHT'S

1 Für den Krautsalat Spitzkohl waschen, längs vierteln, den Strunk herausschneiden und die Viertel quer in schmale Streifen schneiden oder hobeln. Den Speck fein würfeln, Zwiebel schälen und ebenfalls fein würfeln. 2 EL Öl in einem Pfännchen erhitzen, darin die Zwiebel und den Speck anbraten, bis die Zwiebel goldgelb und der Speck leicht gebräunt ist. Zucker darüberstreuen, dann Essig und Brühe zugießen, mit Kümmel, Salz und Pfeffer würzen. Heiß über den Kohl gießen, alles gut durchmischen, evtl. leicht mit den Händen durchkneten und abkühlen lassen. Mit Salz und Pfeffer würzen und restliches Öl untermischen. Diese Arbeitsschritte lassen sich gut vorbereiten.

2 Für die Senfcreme Mayonnaise mit saurer Sahne und Senf verrühren, mit Salz und Pfeffer würzen. Radieschen putzen, waschen und in dünne Scheiben schneiden. Schnittlauch waschen, trocken schütteln und in Röllchen schneiden, etwa die Hälfte unter die Senfcreme rühren.

3 Den Grill aufheizen. Die Weißwürste der Länge nach halbieren. Auf den eingefetteten Grillrost legen und von beiden Seiten garen. Nach Möglichkeit warm halten. Inzwischen die Laugenbrötchen halbieren und nach Wunsch wie Buns rösten (s. S. 8). Die untere und obere Hälfte mit der Senfcreme bestreichen, Krautsalat abtropfen lassen. Je 2 Wursthälften auf die Senfcreme legen und reichlich Krautsalat darauf häufen, mit Schnittlauch bestreuen, dann die Radieschen darauf verteilen und den Brötchendeckel auflegen, sofort servieren.

47

Für Grillgeräte mit Deckel

DAS BRAUCHST DU

1,2 kg Schweinenacken oder -schulter (ohne Knochen)

2 EL Bratöl

2 EL Dijon-Senf

1 Knoblauchzehe

2–3 EL Barbecue-Gewürz (s. Tipp)

2 EL brauner Zucker

¾ TL Salz (s. Tipp)

600 ml Ananassaft + etwas mehr für die Sauce

600 ml Gemüsebrühe

4–5 EL Barbecuesauce (s. S. 23 oder Fertigprodukt)

AUSSERDEM

Frischhaltefolie

Fleischthermometer

Aluschale

TIPP

Barbecue-Gewürzmischungen (Rubs) gibt es in verschiedenen Arten zu kaufen, von mild bis scharf oder mit Rauchgeschmack – hier entscheidet der persönliche Geschmack. Häufig ist in diesen Mischungen bereits Salz enthalten, entsprechend sollte man weniger Salz untermischen, zumal eine konzentrierte Gemüsebrühe ebenfalls recht salzig ist.

PULLED PORK

GRUND-REZEPT

SO GEHT'S

1 Am Vortag das Fleisch gut trocken tupfen. Öl und Senf gründlich verrühren, Knoblauch schälen, dazupressen und ebenfalls gut unterrühren. Das Fleisch auf einer Seite mit der Hälfte davon bestreichen. Barbecue-Gewürz mit Zucker und evtl. Salz mischen und das Fleisch mit der Hälfte davon bestreuen, dabei die Gewürzmischung fest andrücken. Fleischstück wenden (dabei am besten gleich auf die Frischhaltefolie legen) und die andere Seite ebenfalls erst bestreichen, dann bestreuen, sodass das Fleisch rundum bedeckt ist. Fest in Frischhaltefolie wickeln und 12 Stunden (über Nacht) ziehen lassen. Diese Arbeitsschritte lassen sich gut vorbereiten.

2 Am nächsten Tag das Gerät auf indirektes Grillen vorbereiten und auf 110 °C vorheizen. Ananassaft und Gemüsebrühe verrühren. Das Fleisch aus der Folie nehmen, Fleischthermometer an der dicksten Stelle tief in das Fleisch einstechen und den Braten 3–4 Stunden bei geschlossener Haube garen lassen, bis eine Kerntemperatur von 65–70 °C erreicht ist.

3 Den Braten alle 45–60 Minuten mit der Brühemischung bepinseln, damit er saftig bleibt. So gart das Fleisch regelmäßig bepinselt weitere 6–9 Stunden, bis es eine Kerntemperatur von mindestens 85 °C bzw. knapp 90 °C erreicht hat. Dabei steigt das Thermometer nicht kontinuierlich an; es können sich immer lange Phasen ergeben, in denen es sich nicht bewegt, also nicht ungeduldig werden!

4 Das fertige Fleisch aus dem Grill nehmen und fest in Alufolie wickeln. 1–2 Stunden ruhen lassen.

5 Die Barbecuesauce und noch etwas Ananassaft verrühren und in einer Aluschale im Grill erhitzen, warm halten. Das Fleisch nach dem Ruhen aus der Folie wickeln und auf einem Brett (möglichst mit einer Saftauffangrille rundum) mithilfe von zwei Gabeln oder einer Gabel und einem Messer in feine Stücke bzw. Streifen zupfen oder schneiden. Austretenden Saft auffangen und in die Sauce rühren. Die Sauce nun löffelweise mit dem Fleisch verrühren – das Fleisch sollte schön damit überzogen und saftig sein, aber nicht darin schwimmen. Warm halten. Das Fleisch ist nun perfekt für den Burger von S. 80.

48

Für Grillgeräte mit Deckel

PULLED ASIA-CHICKEN

DAS BRAUCHST DU

2 Schalotten
2 Knoblauchzehen
15 g frischer Ingwer
2 EL Sonnenlumenöl
125 ml Ananas- oder Apfelsaft
4 EL Ketchup (s. S. 2 oder Fertigprodukt)
3 EL Sojasauce
3 EL Hoisin-Sauce
2 EL Reis- oder Weißweinessig
½–1 TL Chilisauce (z. B. Sriracha)
3 Hähnchenkeulen (à ca. 280 g)
Salz, Pfeffer
250 ml Hühnerbrühe
100 ml Bratensaft oder Sauce für Geflügel (Fertigprodukt)
2 EL Frühlingszwiebelringe (nach Belieben)
1 EL gehacktes Koriandergrün (nach Belieben)

AUSSERDEM

Fett für den Rost
Aluschale

SO GEHT'S

1 Schalotten, Knoblauch und Ingwer schälen und getrennt fein würfeln. Das Öl in einem Topf erhitzen, darin Schalotten und Knoblauch bei kleiner Hitze goldgelb anschwitzen, Ingwer zugeben und kurz mitanschwitzen, dann mit Ananas- oder Apfelsaft ablöschen, Ketchup, Soja- und Hoisin-Sauce sowie Essig unterrühren und offen 5 Minuten bei kleiner bis mittlerer Hitze köcheln lassen. Je nach persönlicher Vorliebe mit Chilisauce abschmecken. Die Sauce mit einem Stabmixer fein pürieren. Diese Arbeitsschritte lassen sich gut vorbereiten.

2 Das Gerät auf indirektes Grillen vorbereiten und auf 180 °C vorheizen. Sehr große Fettstücke von den Hähnchenkeulen wegschneiden. 2 EL von der Würzsauce abnehmen und die Hähnchenkeulen damit rundum bestreichen, salzen und pfeffern. Die Hähnchenkeulen möglichst dicht an dicht auf den gefetteten Rost legen. 1 Stunde 40 Minuten bei geschlossenem Deckel garen. Dabei die Keulen mehrfach mit der Würzsauce bepinseln.

3 Die fertigen Keulen herausnehmen und lauwarm abkühlen lassen. Den Bratensaft mit der übrigen Würzsauce verrühren und in der Aluschale erhitzen. Vom Hähnchenfleisch die Haut abziehen, klein schneiden und beiseitelegen, dann das Fleisch von den Knochen lösen und mit einer Gabel und evtl. mit einem Messer fein zerzupfen oder zerschneiden.

4 Die heiße Saucenmischung nach und nach mit dem Fleisch vermischen. Dabei zerfasert es immer mehr und verbindet sich mit der Sauce. Sollte die Masse zu trocken sein, evtl. noch etwas Würzsauce unterrühren. Zuletzt die Hautstücke und nach Wunsch Frühlingszwiebelringe und Koriandergrün unterrühren. Das Fleisch warm in den Burger von S. 81 packen.

PULLED PORK **BURGER**

PULLED CHICKEN-BAO-BURGER

49

Für Grillgeräte mit Deckel

PULLED-PORK-BURGER

DAS BRAUCHST DU

Pulled Pork
(s. S. 76)

FÜR DEN ASIA-ROTKOHL-SLAW

Coleslaw
(s. S. 36)

1 kleiner Apfel

1 TL Zitronensaft

4 Scheiben Eisbergsalat

4 EL Mayonnaise
(s. S. 24 oder aus dem Glas)

2 EL eingelegte
Jalapeño-Ringe

AUSSERDEM

4 Burger Buns
(s. S. 14)

SO GEHT'S

1 Pulled Pork nach Rezept von S. 76 und die Buns von S. 14 zubereiten. Coleslaw (s. S. 36) ebenfalls zubereiten und im Kühlschrank abgedeckt durchziehen lassen. Diese Arbeitsschritte lassen sich gut vorbereiten.

2 Den Apfel waschen, vierteln, das Kerngehäuse entfernen und die Viertel quer in schmale Stifte schneiden. Diese sofort im Zitronensaft wenden, damit sie nicht braun werden. Eisbergsalat waschen, trocken schütteln, die Blätter übereinanderlegen und in feine Streifen schneiden.

3 Die Buns halbieren und rösten (s. S. 8) und nach Möglichkeit warm halten. Die Bun-Böden mit Mayonnaise bestreichen, Salat und Apfelstifte darauf verteilen, darauf reichlich Pulled Pork häufen und leicht in Form drücken, abgetropften Coleslaw darüberhäufen und ebenfalls in Form drücken. Die abgetropften Jalapeño-Ringe daraufgeben, Bun-Deckel auflegen und den Burger sofort servieren.

TIPP

Pulled Pork lässt sich in verschiedensten Varianten auf Burger packen; anstelle von klassischem Coleslaw bekommt er mit der Asia-Variante (s. S. 81) einen ganz anderen Twist. Dann noch Avocadowürfel anstelle des Apfels daraufpacken und Fleisch und Salat mit reichlich Koriandergrün bestreuen und nach Wunsch statt Jalapeños etwas Chilisauce (z. B. Sriracha) darüberträufeln.

50

Für Grillgeräte mit Deckel

PULLED-CHICKEN-BAO-BURGER

DAS BRAUCHST DU

Pulled Asia-Chicken (s. S. 77)

FÜR DEN ASIA-ROTKOHL-SLAW

120 g Rotkohl
Salz
1 Möhre
15 g frischer Ingwer
1 ½ TL brauner Zucker
Saft von 1 Limette
2–3 EL Fischsauce
2 Msp. Chiliflocken

AUSSERDEM

1 kleine reife Mango
1 Bio-Mini-Gurke
2 Frühlingszwiebeln
¼ Bund Koriandergrün
4 Bao Buns (s. S. 19)

SO GEHT'S

1 Das Pulled Chicken nach Rezept von S. 77 zubereiten, dann die Bao Buns von S. 19 vorbereiten. Den Rotkohl waschen, Strunk keilförmig wegschneiden und den Kohl in feine Streifen schneiden oder hobeln, 1 Prise Salz zugeben und leicht mit den Händen durchkneten – dazu Gummihandschuhe tragen, der Kohl färbt. Möhre schälen und auf der Rohkostreibe grob raspeln, zum Kohl geben. Ingwer schälen und ganz fein würfeln, mit Zucker, Limettensaft, Fischsauce und Chiliflocken verrühren, bis sich der Zucker aufgelöst hat. Das Dressing mit dem Salat mischen und 30 Minuten ziehen lassen.

2 Mango schälen und das Fruchtfleisch längs vom Stein herunterschneiden, dann in dünne Spalten schneiden. Die Gurke waschen und in dünne Scheiben schneiden. Frühlingzwiebeln waschen, trocken schütteln, den grünen und weißen Teil getrennt in dünne Ringe schneiden. Koriandergrün waschen, trocken schütteln und die Blättchen abzupfen und grob hacken oder zerzupfen.

3 Die Bao Buns öffnen. Die weißen Zwiebelringe und etwas von den Korianderblättern unter das warme Pulled Chicken mischen. Gurkenscheiben in die Brötchen legen, darauf Pulled Chicken geben und darüber Krautsalat schichten. Mit Mango belegen und mit Koriandergrün und Zwiebelringen bestreuen und das Bun leicht zusammenklappen. Sofort servieren.

51

Für offene Grillgeräte

HONGKONG- **FU-BURGER**

DAS BRAUCHST DU

1 Entenbrustfilet (ca. 400 g)
Salz, Pfeffer

FÜR DIE GRILLZWIEBELN

6 Frühlingszwiebeln
1 Knoblauchzehe
3 EL Olivenöl

FÜR DAS PFLAUMENCHUTNEY

200 g blaue Pflaumen
1 Schalotte
20 g frischer Ingwer
50 g Zucker
3 EL Aceto balsamico
2 Sternanis
Salz, Pfeffer

AUSSERDEM

1 Möhre
50 g Alfalfa-Sprossen
4 Bao Buns (s. S. 19)
6 EL Orangen-Mayonnaise (s. S. 25)
Fleischthermometer

SO GEHT'S

1 Für die Grillzwiebeln Frühlingszwiebeln waschen, das obere Drittel abschneiden, putzen und nochmals quer halbieren. Knoblauch schälen und in einen Gefrierbeutel pressen, mit Öl und Frühlingszwiebeln darin mischen. Beutel verschließen und für 8 Stunden kühl stellen.

2 Für das Chutney die Pflaumen waschen, halbieren, Steine entfernen und die Pflaumen in kleine Stücke schneiden. Schalotte und Ingwer schälen und fein würfeln. Zucker und Essig in einem Topf unter Rühren erhitzen, bis sich der Zucker gelöst hat. Pflaumen, Schalotten und Ingwer mit Sternanis zugeben und alles bei kleiner Hitze zugedeckt 35–40 Minuten marmeladig-dicklich einkochen lassen, dabei öfter umrühren und gegen Ende evtl. den Topfdeckel abnehmen. Mit Salz und Pfeffer würzen, abkühlen lassen und Sternanis herausfischen. Diese Arbeitsschritte lassen sich gut vorbereiten.

3 Den Grill auf direkte und indirekte Hitze vorbereiten. Gut aufheizen. Die Fettschicht der Entenbrust mit einem scharfen Messer mehrfach einschneiden. Mit Salz und Pfeffer würzen. Möhre putzen, schälen und grob raspeln, Sprossen in einem Sieb abbrausen und abtropfen lassen. Die Entenbrust zunächst 2 Minuten von beiden Seiten auf direkter Hitze grillen. In die dickste Stelle ein Fleischthermometer schieben. Anschließend für ca. 10 Minuten indirekt weitergrillen. Die Entenbrust ist perfekt und innen rosa, wenn die Kerntemperatur bei 68 °C liegt. Die abgetropften Frühlingszwiebeln gut 5 Minuten direkt grillen, bis sie von allen Seiten dunkel gebräunt und weich sind.

4 Bao Buns aufklappen, die untere Seite mit Orangen-Mayonnaise bestreichen. Entenbrust in schmale Streifen schneiden. Je 3 Frühlingszwiebelstücke längs auf den Bun-Boden legen. Etwas von den Sprossen daraufgeben, dann die Entenbrust darauflegen und mit Chutney beträufeln, Möhre darüberstreuen und mit einigen übrigen Sprossen bestreuen, dann das Bun zusammenklappen.

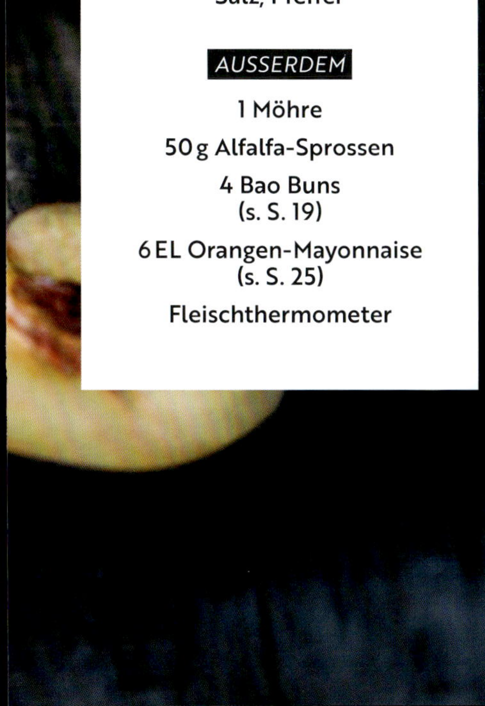

52

Für offene Grillgeräte

TURKEY DELIGHT **BURGER**

DAS BRAUCHST DU

4 Truthahn- oder Putenbrustschnitzel (à 100 g)
Salz, Pfeffer

FÜR DEN CURRY-HÜTTENKÄSE

2 EL Orangensaft
½ TL Honig
1 TL Currypulver
200 g Hüttenkäse
1 Stängel Estragon
Salz, Pfeffer

AUSSERDEM

80 g Bio-Gurke
50 g Alfalfa-Sprossen
2 Handvoll Baby-Spinat
2 reife feste Pfirsiche
Pfeffer
4 pinke Burger Buns (s. S. 15)
4 EL Ketchup (s. S. 22 oder Fertigprodukt)
Fett für den Rost

SO GEHT'S

1 Für den Hüttenkäse den Orangensaft mit Honig in einem kleinen Topf erhitzen, das Currypulver unterrühren und abkühlen lassen, anschließend mit dem Hüttenkäse mischen. Estragon waschen, trocken schütteln, Blättchen fein abzupfen und unterrühren, mit Salz und Pfeffer würzen.

2 Die Truthahn- oder Putenschnitzel zwischen Frischhaltefolie mit einem Fleischklopfer flach klopfen, salzen und pfeffern. Gurke waschen und in dünne Scheiben schneiden. Sprossen in ein Sieb geben, kalt abbrausen und gut abtropfen lassen. Spinat waschen und trocken schleudern. Die Pfirsiche waschen, halbieren, Stein entfernen und die Schnittflächen dünn mit Öl bepinseln, pfeffern.

3 Den Grill auf mittlere Hitze aufheizen. Die Buns halbieren und kurz rösten (s. S. 8), nach Möglichkeit warm halten. Die Geflügelschnitzel für 5–6 Minuten auf den eingefetteten Grillrost legen und garen. Zwischendurch wenden, evtl. mehrfach. Nach Möglichkeit warm halten. Die Pfirsichhälften mit den Schnittflächen nach unten für ca. 3 Minuten auf den eingefetteten Grillrost legen und garen. Herunter nehmen, kurz ruhen lassen, dann evtl. etwas flach drücken. Inzwischen die Bun-böden mit Ketchup bestreichen, erst Spinat, dann Gurken auflegen. Je 1 Schnitzel darauflegen, darauf Hüttenkäse häufen und darauf je 1 Pfirsichhälfte legen, Sprossen darüber verteilen und den Bun-Deckel auflegen, sofort servieren.

53

Für offene Grillgeräte

TANDOORI-CHICKEN- **BURGER**

DAS BRAUCHST DU

FÜR DIE PATTYS

500 g Hähnchenbrustfilet

1 ½ TL Tandoori-Gewürzpulver

1 EL Limettensaft

2 EL fein gehacktes Koriandergrün

Salz, Pfeffer

AUSSERDEM

1 Fleischtomate

1 rote Zwiebel

1 große sehr reife Mango

3 Stängel Koriandergrün

4 Oriental Buns (s. S. 18)

6 EL Koriander-Chutney (s. S. 28)

Fett für den Rost

SO GEHT'S

1 Das Fleisch in Stücke schneiden und durch den Fleischwolf drehen oder mit dem Blitzhacker eher grob und nicht zu fein zerkleinern. Mit Tandoori-Gewürzpulver, Limettensaft und Koriandergrün vermengen. Die Masse sollte möglichst fest sein. Daraus 4 gleich große Pattys formen und zugedeckt kühl stellen (s. S. 12).

2 Tomate waschen und quer so in vier dicke Scheiben schneiden, dass oben und unten nur eine dünne Scheibe übrig bleibt, diese wegwerfen (oder essen). Zwiebel schälen und in dünne Ringe schneiden. Mango schälen, das Fruchtfleisch schräg vom Stein und in kleine Würfel schneiden. Koriandergrün waschen, trocken schütteln, Blättchen abzupfen und grob zerzupfen.

3 Den Grill aufheizen. Die Buns halbieren und rösten (s. S. 8). Die Pattys auf den eingefetteten Grillrost legen. Auf jeder Seite jeweils 5–6 Minuten direkt grillen. Währenddessen die Bun-Böden mit den Mangowürfeln belegen, diese schön festdrücken und rund formen. Die Pattys darauflegen, darauf etwas Koriandergrün streuen, darauf erst die Zwiebeln und darauf die Tomaten geben. Chutney obenauf geben, Bun-Deckel daraufsetzen und sofort servieren.

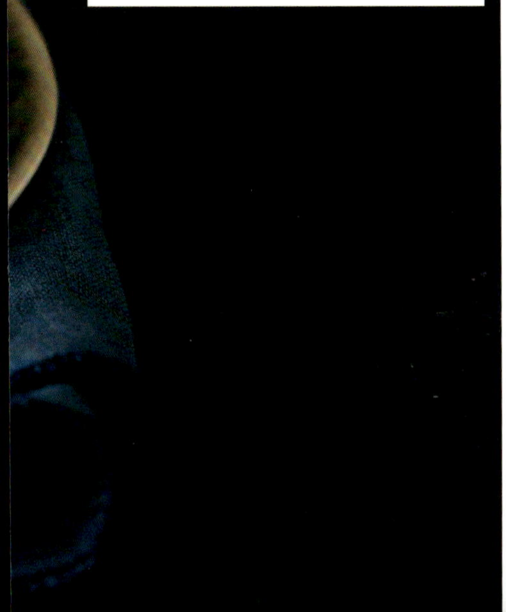

54

Für offene Grillgeräte

CRISPY-SATÉ-BURGER

DAS BRAUCHST DU

FÜR DIE PATTYS

4 Hähnchenschnitzel (Hähnchenbrustfilets à 100 g)
Salz, Pfeffer
1 Ei (Größe M)
70 g Mehl
80 g Cornflakes
2 EL Kokosraspel
Öl zum Braten

FÜR DIE ERDNUSS-SAUCE

1 Knoblauchzehe
1 EL Sonnenblumenöl
1 EL Erdnussmus
je 80 ml Kokosmilch und Hühnerbrühe
1 EL Sojasauce
1 TL Sweet-and-Sour-Chilisauce (aus dem Asien-Laden)
2 TL Limettensaft

AUSSERDEM

80 g Spitzkohl
4 Blätter Kopfsalat
3 Stängel Koriandergrün
4 Burger Buns (s. S. 14)
4 EL Sweet-and-Sour-Chilisauce (aus dem Asien-Laden)
8 gegrillte Paprikascheiben (s. S. 33)
Fett für den Rost

SO GEHT'S

1 Das Hähnchenfleisch portionsweise in einen Gefrierbeutel geben und flach klopfen. Herausnehmen und leicht salzen und pfeffern. Ei in einen tiefen Teller geben, verquirlen und leicht salzen und pfeffern, das Mehl in einen zweiten tiefen Teller geben. Cornflakes im Blitzhacker zermahlen oder in einen Gefrierbeutel geben und mit der Teigrolle zerkrümeln. Mit Kokosraspel gemischt, ebenfalls in einen tiefen Teller geben.

2 Reichlich Öl (1–2 cm hoch) in einer beschichteten großen Pfanne erhitzen. Hähnchenschnitzel einzeln nacheinander erst in Mehl wenden, dabei überschüssiges Mehl abklopfen, dann durchs Ei ziehen und zuletzt in der Cornflakes-Kokos-Panade wenden, diese dabei gut festdrücken. Die Schnitzel im heißen Öl in jeweils 3–4 Minuten knusprig braun braten und anschließend auf Küchenpapier abtropfen lassen. Abkühlen lassen und bis zum Grillen kühl stellen oder einfrieren.

3 Für die Erdnuss-Sauce den Knoblauch schälen. Öl in einem kleinen Topf erhitzen, darin den Knoblauch anschwitzen. Erdnussmus, Kokosmilch und Brühe zugeben, mit Sojasauce und Sweet-and-Sour-Chilisauce würzen und glatt rühren. 3–5 Minuten leicht köcheln lassen, Mit 1–2 TL Limettensaft abschmecken und abkühlen lassen. Die Sauce dickt dann an, daher später evtl. 1–2 EL Wasser unterrühren. Diese Arbeitsschritte lassen sich gut vorbereiten.

4 Den Kohl waschen, Strunk herausschneiden und den Kohl in ganz feine Streifen schneiden oder hobeln. Salat waschen und gründlich trocken tupfen. Koriandergrün waschen, trocken schütteln, Blättchen abzupfen und zerzupfen.

5 Den Grill auf kleine Hitze aufheizen. Die vorgebratenen Hähnchenschnitzel Zimmertemperatur annehmen lassen. Auf den eingefetteten Grillrost legen und 2 Minuten je Seite direkt grillen.

6 Die Buns halbieren und rösten (s. S. 8). Die Bun-Böden und -Deckel mit je 1 guten EL Erdnuss-Sauce bestreichen. Kohl daraufhäufen. Die fertigen Schnitzel daraufgeben, Sweet-and-Sour-Chilisauce darüberträufeln, etwas Koriandergrün aufstreuen, dann je 1 Salatblatt und 2 Paprikascheiben legen. Bun-Deckel auflegen und servieren.

ALOHA-BURGER

JACKIE-CHAN-BURGER

55

Für offene Grillgeräte

DAS BRAUCHST DU

FÜR DIE THUNFISCH-PATTYS

4 Thunfischsteaks (à 125 g)

Salz, Pfeffer

2 EL Sesam

FÜR DIE ANANAS-SALSA

¼ reife Ananas

1 kleine rote Zwiebel

1 rote Chilischote

5 Stängel Koriandergrün

1 EL Limettensaft

1 TL brauner Zucker

Salz

AUSSERDEM

60 g rote Wasabi-Sprossen

50 g Bio-Gurke

1 Avocado

1 TL Limettensaft

4 Burger Buns (s. S. 14)

8 EL Mayonnaise (s. S. 24 oder aus dem Glas)

Fett für den Rost

JACKIE-CHAN- **BURGER**

SO GEHT'S

1 Für die Ananas-Salsa das Ananasfruchtfleisch von der Schale schneiden, braune „Augen" herausschneiden und den Strunk wegschneiden. Das Fruchtfleisch (es sollten etwa 200 g sein) klein würfeln. Zwiebel schälen und fein würfeln, Chilischote waschen, halbieren, entkernen und fein hacken. Koriandergrün waschen, trocken schütteln, Blätter abzupfen und fein hacken. Alles mit Limettensaft und Zucker mischen, leicht salzen und 15 Minuten ziehen lassen.

2 Inzwischen Sprossen in ein Sieb geben, kalt abbrausen, abtropfen lassen und gut trocken tupfen. Gurke waschen und in dünne Scheiben schneiden. Avocado halbieren, Kern und Schale entfernen, das Fruchtfleisch längs in dünne Spalten schneiden und diese sofort in Limettensaft wenden, damit sie nicht braun werden.

3 Den Grill aufheizen. Grillrost gut einfetten. Thunfisch salzen und pfeffern, mit Sesam bestreuen und die Samen festdrücken. Den Thunfisch auf den Rost legen und auf jeder Seite 2–3 Minuten garen. Zwischendurch wenden. Thunfisch ganz an den Rand schieben und kurz ruhen lassen. Zwischenzeitlich Buns halbieren und auf dem Grillrost rösten (s. S. 8). Die Bun-Böden und -Deckel mit Mayonnaise bestreichen und mit Avocado belegen. Darauf den Thunfisch legen und Ananas-Salsa daraufgeben, darauf Gurke verteilen und Sprossen daraufhäufen. Bun-Deckel auflegen und die Burger sofort servieren.

56

Für offene Grillgeräte

ALOHA-BURGER

DAS BRAUCHST DU

FÜR DIE PATTYS

4 Thunfischsteaks (à ca. 150 g)

Salz, Pfeffer

FÜR DIE GEBRATENE ANANAS

½ Ananas (s. Tipp)

2 EL Butter

1 TL Honig

Salz

FÜR DIE AVOCADO-MAYONNAISE

2 reife Avocados

Saft von 1 Limette

1 Knoblauchzehe

Salz, Pfeffer

4 EL Olivenöl

AUSSERDEM

1 rote Paprikaschote

2–3 Stängel Koriandergrün

2 Frühlingszwiebeln

4 Burger Buns (s. S. 14)

4–6 EL Sweet-and Sour-Chilisauce (aus dem Asien-Laden)

Aluschale

Fett für den Rost

SO GEHT'S

1 Für die Avocado-Mayonnaise Avocados halbieren, Kern entfernen, das Fruchtfleisch aus der Schale löffeln, in einen hohen Mixbecher geben und mit gut der Hälfte Limettensaft mischen. Knoblauchzehe schälen und dazupressen. Alles mit dem Stabmixer fein pürieren, salzen, pfeffern. Nun das Öl langsam nach und nach zugeben und dabei weiterpürieren, bis eine glänzende Creme entstanden ist. Mit Limettensaft, Salz und Pfeffer abschmecken.

2 Paprikaschote vierteln, putzen, waschen und die Viertel längs in schmale Streifen schneiden. Koriandergrün waschen und trocken schütteln, Blättchen abzupfen. Frühlingszwiebeln waschen, putzen, den grünen Teil in feine Ringe schneiden den weißen Teil anderweitig verwenden. Die Schale von der Ananas abschneiden und den Strunk herausschneiden, dann das Fruchtfleisch in 1 cm dicke Scheiben schneiden. Diese Arbeitsschritte lassen sich gut vorbereiten.

3 Den Grill aufheizen. Butter in die Aluschale geben und die Ananas darin bei mittlerer Hitze auf beiden Seiten jeweils 3–4 Minuten garen. Honig darüberträufeln, die Ananas kurz darin karamellisieren lassen, salzen und warm halten.

4 Die Thunfischsteaks salzen und pfeffern. Auf den eingefetteten Grillrost legen und 3–4 Minuten pro Seite garen. Zwischenzeitlich Buns halbieren und auf dem Grillrost rösten (s. S. 8). Die untere Seite mit der Avocado-Mayonnaise bestreichen, etwas Frühlingszwiebelringe aufstreuen. Thunfisch darauflegen, darüber die Ananas. Mit Sweet-and-Sour-Chilisauce beträufeln. Paprikastreifen darauflegen und mit Koriandergrün und übrigen Zwiebelringen bestreuen. Bun-Deckel auflegen und servieren.

TIPP

Besonders praktisch: In gut sortierten Supermärkten gibt es fertig geschälte Ananas (auch ohne Strunk) abgepackt zu kaufen. Diese lassen sich ruckzuck in Ringe schneiden.

57

Für offene Grillgeräte

DAS BRAUCHST DU

FÜR DAS FISCH-PATTY

350 g gut gekühltes Seelachsfilet
2 Scheiben Toastbrot
80 g gut gekühlte Sahne
1 kleine Zwiebel
1 EL Butter
1 Ei (Größe M)
1 EL gehackter Dill
1 TL Dijon-Senf
abgeriebene Schale von ½ Bio-Zitrone
Semmelbrösel
Sonnenblumenöl
Salz, Pfeffer

FÜR DIE DILLCREME

½ Bund Dill
150 g Joghurt
4 EL Mayonnaise (s. S. 24 oder aus dem Glas)
1 TL Dijon-Senf
Salz, Pfeffer
2–3 EL Zitronensaft

AUSSERDEM

100 g gegarte geschälte Nordseekrabben
1 Bio-Mini-Gurke
4 Blätter Kopfsalat
1 Zwiebel
4 Kartoffel-Buns (s. S. 17)
1 glatte Grillplatte (Gusseisen, alternativ Aluschale)
Fett für die Grillplatte

HELGOLAND- BURGER

SO GEHT'S

1 Das Fischfilet kalt abbrausen, abtupfen, grob würfeln und kühl stellen. Toastbrot zerzupfen und mit Sahne mischen, ziehen lassen. Zwiebel schälen und fein würfeln, Butter in einem Pfännchen schmelzen und die Zwiebel darin goldgelb braten, anschließend abkühlen lassen.

2 In der Zwischenzeit für die Dillcreme Dill waschen, trocken schütteln, Spitzen abzupfen und fein hacken. Mit Joghurt, Mayonnaise und Senf verrühren. Mit Salz, Pfeffer und Zitronensaft abschmecken.

3 Krabben in ein Sieb geben, kalt abbrausen und trocken tupfen. Gurke waschen, längs vierteln, Kerne herausschneiden. Die Gurkenviertel klein würfeln, mit Krabben und 2–3 EL Dillcreme mischen. Kopfsalat waschen und trocken tupfen, die Zwiebel schälen und in feine Ringe schneiden.

4 Fischwürfel mit eingeweichtem Toast, gebratenen Zwiebeln, Ei, Dill, Senf und Zitronenschale im Blitzhacker fein pürieren. Die Masse sollte möglichst fest sein. Semmelbrösel in einen tiefen Teller geben. Die Fischmasse mit Salz und Pfeffer würzen und in 4 Portionen teilen. Mit leicht mit Öl benetzten Händen daraus 4 flache Pattys formen und beidseitig in Semmelbröseln wenden, diese leicht festdrücken.

5 Den Grill aufheizen und eine eingelegte Grillplatte mit erhitzen. Grillplatte gut einfetten. Die Pattys darauf beidseitig in 10–12 Minuten bei mittlerer Hitze knusprig braun braten. Zwischenzeitlich Buns halbieren und auf der Grillplatte oder auf dem Grillrost rösten (s. S. 8). Die Bun-Böden und -Deckel mit je der Hälfte der Dillcreme bestreichen. Je 1 Blatt Salat, darauf das Fisch-Patty und etwas Zwiebeln auf einen Boden legen. Darauf die Krabbenmasse verteilen und mit Salat und Zwiebelringen belegen. Bun-Deckel auflegen und servieren.

58

Für offene Grillgeräte

KOSAMUI- **BURGER**

DAS BRAUCHST DU

FÜR DIE FISCH-PATTYS

380 g gut gekühltes Rotbarschfilet
10 Kaffir-Limettenblätter
2 EL Limettensaft
1 TL rote Thai-Currypaste
1 Ei (Größe S)
1 ½ EL gehacktes Koriandergrün
3–4 EL Semmelbrösel
Salz, Pfeffer

FÜR DIE AVOCADOCREME

⅓ Bund Koriandergrün
2 Stängel Minze
3 Frühlingszwiebeln
1 kleine Knoblauchzehe
2 reife, weiche Avocados
1 EL Limettensaft
Salz, Pfeffer
2–3 Msp. Chiliflocken

AUSSERDEM

1 reife Mango
4 Blätter Kopfsalat
2 Tomaten
4 schwarze Burger Buns (s. S. 15)
5–6 EL Sweet-and-Sour-Chilisauce (aus dem Asien-Laden, nach Belieben)
1 glatte Grillplatte (Gusseisen, alternativ Aluschale)
Fett für die Grillplatte

SO GEHT'S

1 Für die Fisch-Pattys Fischfilet kalt abbrausen, abtupfen, grob würfeln und kühl stellen. Limettenblätter waschen, die harte Mittelrippe herausschneiden und die Blatthälften fein hacken. Den Fisch im Blitzhacker oder mit der Küchenmaschine nur grob zerkleinern. Dann mit Limettenblättern, Limettensaft, Currypaste, Ei und Koriandergrün vermengen, dabei nach und nach Semmelbrösel untermengen, bis die Masse gut bindet, mit Salz und Pfeffer würzen. Die Masse sollte möglichst fest sein. Aus der Masse 4 gleich große Pattys formen und kühl stellen (s. S. 12).

2 Inzwischen für die Avocadocreme die Kräuter waschen, trocken schütteln Blättchen abzupfen, einige Korianderblättchen beiseitelegen, den Rest mit der Minze fein zerschneiden. Frühlingszwiebeln waschen, putzen, den weißen Teil anderweitig verwenden, den grünen in feine Ringe schneiden, die Hälfte davon beiseitelegen. Knoblauch schälen und durchpressen. Avocados halbieren, Kern entfernen, das Fruchtfleisch herauslöffeln und sofort mit dem Limettensaft und den übrigen Zutaten im Blitzhacker grob zerhacken bzw. pürieren oder alles mit einer Gabel untereinander drücken, mit Salz, Pfeffer und Chiliflocken würzen.

3 Mango mit dem Sparschäler schälen, anschließend das Fruchtfleisch längs vom Stein schneiden und in dünne Spalten schneiden. Salat waschen und trocken schütteln, Tomaten waschen und quer in dünne Scheiben schneiden. Diese Arbeitsschritte lassen sich gut vorbereiten.

4 Den Grill auf mittlere Hitze aufheizen, eine eingelegte Grillplatte mit erhitzen und gut fetten. Die Pattys darauf beidseitig in 10–12 Minuten braun braten. Zwischenzeitlich Buns halbieren und auf der Grillplatte oder auf dem Grillrost rösten (s. S. 8). Die Avocadocreme auf die Bun-Böden geben und rund in Form drücken. Fischpatty auflegen, darauf Tomaten und etwas Zwiebel- und Koriandergrün geben, die Mango darauf verteilen und nach Wunsch etwas Sweet-and-Sour-Chilisauce darüberträufeln. Restliches Zwiebel- und Koriandergrün darüberstreuen, mit dem Salat abdecken und den Bun-Deckel auflegen, sofort servieren.

59

Für offene Grillgeräte

EASY-PEASY-
FISCH-BURGER

DAS BRAUCHST DU

FÜR DIE PATTYS

400 g Seelachsfilet
½ Bio-Zitrone
2 Stängel Estragon
8 EL Semmelbrösel
1 Ei (Größe S)
2 TL Dijon-Senf
Salz, Pfeffer

FÜR DIE ERBSEN

1 Schalotte
2 Stängel Estragon
2 EL Butter
400 g TK-Erbsen
½ TL Gemüsebrühe (Pulver)
3 EL Sahne
Salz, Pfeffer
½ Bio-Zitrone

FÜR DEN KERBELSCHMAND

2 Handvoll Kerbel
120 g Schmand
3 EL Mayonnaise (s. S. 24 oder aus dem Glas)

AUSSERDEM

8 Radieschen
4 grüne Burger Buns (s. S. 15)
4 Scheiben Räucherlachs
1 glatte Grillplatte (Gusseisen, alternativ Aluschale)
Fett für die Grillplatte

SO GEHT'S

1 Für die Fischpattys das Fischfilet kalt abbrausen, abtupfen, grob würfeln und kühl stellen. Zitrone heiß abwaschen, abtrocknen, Schale abreiben und den Saft auspressen. Estragon waschen, trocken schütteln, Blättchen abzupfen und grob hacken. Den Fisch im Blitzhacker oder mit der Küchenmaschine mit 2 EL Zitronensaft und -schale, Estragon, 4 EL Semmelbrösel, Ei und Senf fein zerkleinern. Mit Salz und Pfeffer würzen und die Masse kühl stellen.

2 Für die Erbsen die Schalotte schälen und fein würfeln, Estragon waschen, trocken schütteln und fein hacken. Butter in einem Topf erhitzen, darin die Schalotte goldgelb anschwitzen. Gefrorene Erbsen, Brühepulver und Sahne zugeben, salzen, pfeffern und bei mittlerer Hitze in ca. 10 Minuten garen. Zitrone heiß abwaschen, abtrocknen, Schale abreiben und den Saft auspressen. 2–3 Msp. Zitronenschale und 3 Spritzer Zitronensaft (den Rest für den Schmand verwenden) unter die Erbsen rühren und vom Herd nehmen. Die Erbsen samt Garflüssigkeit mit dem Kartoffelstampfer grob zermusen. Vor der Verwendung leicht erwärmen.

3 Für den Schmand den Kerbel waschen, trocken schütteln und grob zerschneiden. Mit 1 EL Schmand und 2 Spritzern Zitronensaft pürieren. Anschließend mit übrigem Schmand und Mayonnaise verrühren und mit Salz, Pfeffer und 2 Msp. Zitronenschale würzen. Radieschen waschen, putzen und in Scheiben schneiden. Diese Arbeitsschritte lassen sich gut vorbereiten.

4 Die Fischmasse in 4 Portionen teilen, übrige Semmelbrösel in einen tiefen Teller geben. Die Masse sollte möglichst fest sein. Aus der Fischmasse 4 flache Pattys formen und beidseitig in Semmelbrösel wenden, diese leicht festdrücken.

5 Den Grill aufheizen und eine eingelegte Grillplatte mit erhitzen. Grillplatte gut einfetten. Die Pattys darauf beidseitig in 10–12 Minuten bei mittlerer Hitze knusprig braun braten. Zwischenzeitlich Buns halbieren und auf der Grillplatte oder auf dem Grillrost rösten (s. S. 8). Die Erbsencreme auf den Bun-Böden verteilen und in Form drücken. Pattys auflegen. Darauf je 1 Scheibe Seelachs legen und darauf die Radieschen verteilen. Kerbelschmand darauf verteilen, mit Bun-Deckeln belegen, sofort servieren.

60

Für offene Grillgeräte

LUCKY-LACHS- **BURGER**

DAS BRAUCHST DU

FÜR DEN LACHS

350 g Lachsfilet (ohne Haut)

50 ml Sojasauce

2 EL Mirin (japanischer Reiswein, alternativ trockener Sherry)

1 EL Zucker

Salz

AUSSERDEM

4 Bao Buns (s. S. 19)

8 Blätter Kopfsalat

1 TL schwarzer Sesam

8 EL Wasabi-Mayonnaise (s. S. 25)

Scharfer Asia-Pickles-Salat (s. S. 37)

1 Kästchen Daikon-Kresse (alternativ Radieschen-Kresse)

1 glatte Grillplatte (Gusseisen, alternativ Aluschale)

Fett für die Grillplatte

SO GEHT'S

1 Den Lachs kalt abspülen und trocken tupfen. Anschließend Sojasauce, Mirin und Zucker in einen Topf geben und unter Rühren aufkochen. Bei mittlerer Hitze 2–3 Minuten unter Rühren einköcheln, bis sich der Zucker vollständig gelöst hat und die Sauce dickflüssiger wird. Vom Herd nehmen. Mindestens lauwarm abkühlen lassen, dann mit dem Lachs in einen Gefrierbeutel geben. Beutel verschließen und den Lachs 1 Stunde im Kühlschrank darin ziehen lassen.

2 Den Grill aufheizen und eine eingelegte Grillplatte mit erhitzen. Grillplatte gut einfetten. Den Lachs aus der Marinade nehmen, abtropfen lassen, ganz leicht salzen und auf der Platte 15–20 Minuten unter Wenden garen. Dabei mehrmals mit der Marinade aus dem Beutel bepinseln. Anschließend warm halten. Zwischenzeitlich Buns halbieren und auf der Grillplatte oder auf dem Grillrost rösten.

3 Inzwischen den Salat waschen und gut trocken tupfen. Sesamsamen auf der Platte anrösten, möglichst an einer fettfreien Stelle. Abkühlen lassen.

4 Die Buns vorsichtig aufklappen und je 2 Salatblätter einlegen. 1 knappen EL Wasabi-Mayonnaise daraufträufeln und abgetropfte Asia-Pickles hineinhäufen. Den Lachs mit einer Gabel klein zerzupfen und auf den Pickles verteilen. Übrige Mayonnaise darüberträufeln. Kresse vom Beet schneiden und mit den Sesamsamen daraufstreuen.

3. KAPITEL: **ES DARF RUHIG MAL GEMÜSE SEIN ...**

Pattys, mit denen Vegetarier
und auch mal Veganer glücklich werden

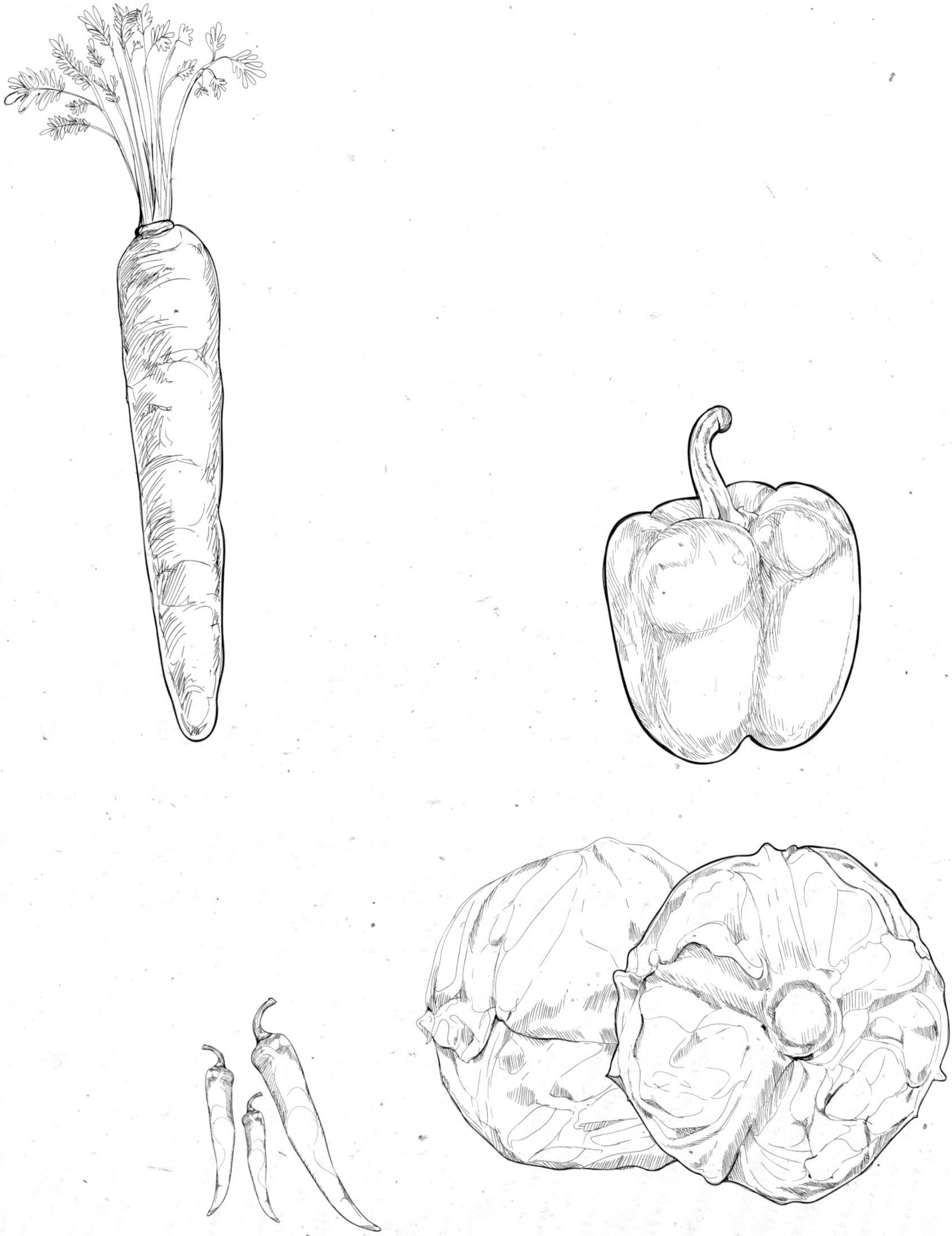

61

Für Grillgeräte mit Deckel

DAS BRAUCHST DU

FÜR DIE SÜSSKARTOFFEL-PATTYS

2 kleine Süßkartoffeln (ca. 450 g)
1 kleine Zwiebel
1 Knoblauchzehe
Öl zum Braten
50 g rote Linsen
125 ml Gemüsebrühe
1 TL Leinsamenmehl
Saft von ½ Limette
½ TL Garam Masala
⅓–¼ TL Chilipulver
120 g Mehl
Semmelbrösel

FÜR DIE RAITA

½ Bund Koriandergrün
4 Stängel Minze
200 g griechischer Joghurt (10 % Fett)
⅓ TL gemahlener Kreuzkümmel
Salz, Pfeffer
1 dicke Möhre
1 Rote Bete (ca. 100 g)
2 EL Weißweinessig
8 Blätter Friséesalat
4 Oriental Buns (s. S. 18)
4 EL Mango-Chutney (s. S. 29)
1 glatte Grillplatte (Gusseisen, alternativ Aluschale)
Fett für die Grillplatte

BOMBAY-BURGER

VEGGIE

SO GEHT'S

1 Für die Pattys den Backofen auf 200 °C (Ober-/Unterhitze) vorheizen. Süßkartoffeln waschen und rundum mit einer Gabel mehrmals einstechen. Anschließend auf ein mit Backpapier ausgelegtes Blech legen und im heißen Ofen (Mitte) 45–60 Minuten garen, dabei einmal wenden. Herausnehmen, ausdampfen lassen, dann die Haut abziehen und abkühlen lassen.

2 Inzwischen Zwiebel und Knoblauch schälen, fein würfeln und in 2 EL Öl in einem Topf goldgelb anbraten. Nun Linsen und Brühe zugeben und zugedeckt 20–25 Minuten garen, bis die Linsen weich sind und zerfallen; evtl. gegen Ende Topf öffnen, sodass die Flüssigkeit vollständig verdunstet, und abkühlen lassen. Das Leinsamenmehl gründlich mit Limettensaft verrühren und quellen lassen.

3 Süßkartoffeln, Linsen und Gewürze mit einer Gabel fein zermusen. Den Leinsamenbrei gründlich untermengen, dann das Mehl nach und nach untermengen, bis eine formbare, weiche Masse entstanden ist. Die Masse sollte möglichst fest sein. Zu 4 gleich großen Kugeln formen und in Semmelbrösel zu flachen Pattys drücken, dann wenden und die andere Seite ebenfalls in Brösel wenden. 30 Minuten im Kühlschrank ruhen lassen. Diese Arbeitsschritte lassen sich gut vorbereiten.

4 Für die Raita die Kräuter waschen, trocken schütteln, Blättchen abzupfen, einige beiseitelegen, den Rest fein hacken. Gut zwei Drittel davon mit Joghurt und Kreuzkümmel verrühren, salzen und pfeffern. Möhre und Rote Bete schälen und mit dem Spiralschneider in feine Streifen hobeln. In eine Schüssel geben, mit Essig beträufeln und mit kochend heißem Wasser überbrühen, sodass sie gerade bedeckt sind. 2 Minuten ziehen lassen, dann herausnehmen und trocken tupfen. Salat waschen und trocken tupfen.

5 Den Grill auf 200 °C aufheizen, eine eingelegte Grillplatte mit erhitzen. Buns halbieren und auf der Platte oder auf dem Rost rösten. (s. S. 8). Grillplatte gut einfetten. Darauf die Pattys bei geöffnetem Deckel beidseitig braun anbraten. Den Deckel schließen und die Pattys 25–35 Minuten weitergaren.

6 Die Bun-Böden mit 1 EL Raita bestreichen. Salat darauflegen und je 1 Patty auflegen. Chutney darauf verteilen und Rote-Bete-Möhren-Spiralen auflegen. Mit Kräuterblättchen bestreuen und übrige Raita darüberträufeln, Bun-Deckel auflegen und servieren.

62

Für offene Grillgeräte

ALOO-TIKI-BURGER

VEGGIE

DAS BRAUCHST DU

FÜR DIE PATTYS

350 g mehligkochende Kartoffeln
1 kleine Zwiebel
1 Knoblauchzehe
15 g frischer Ingwer
2 EL Sonnenblumenöl
80 g TK-Erbsen
1 TL gemahlener Kreuzkümmel
⅓ TL Chilipulver
⅓ TL gemahlene Kurkuma
Salz, Pfeffer
1 EL Zitronensaft
1 TL Garam Masala
1–2 EL Kichererbsenmehl
2 EL fein gehacktes Koriandergrün

FÜR DIE ROTE-BETE-RAITA

1 Rote Bete (ca. 150 g)
1 Schalotte
2 EL Kokosöl
1 TL Kreuzkümmelsamen
Salz, Pfeffer
3 EL Kokosraspel
3 EL griechischer Joghurt (10 % Fett)

AUSSERDEM

8 Blätter Kopfsalat
4 Oriental Buns (s. S. 18)
Koriander-Chutney (s. S. 28)
100 g Knoblauchsprossen
1 glatte Grillplatte (Gusseisen, alternativ Aluschale)
Fett für die Grillplatte

SO GEHT'S

1 Für die Raita Rote Bete schälen und grob auf der Rohkostreibe raspeln. Schalotte schälen und fein würfeln. Kokosöl in einer beschichteten Pfanne erhitzen, darin die Schalotte anschwitzen, Kreuzkümmel zugeben und kurz mitbraten. Anschließend die Rote Bete unterrühren, salzen, pfeffern und 5 Minuten mitbraten. Kokosraspel und 5–6 EL Wasser zugeben und weitere 15 Minuten offen bei kleiner Hitze garen, das Wasser sollte verdunsten. Abkühlen lassen, mit Joghurt mischen, salzen, pfeffern und etwas ziehen lassen.

2 Für die Pattys Kartoffeln waschen und dann in ausreichend Wasser in 20–25 Minuten zugedeckt garen, abgießen und ausdampfen lassen. Inzwischen Zwiebel, Knoblauch und Ingwer schälen und fein würfeln. Das Öl in einen Topf geben und alles darin goldgelb anbraten. Die gefrorenen Erbsen mit Kreuzkümmel, Chili und Kurkuma zugeben und kurz mitanbraten, dann 5–6 EL Wasser zugeben, salzen, pfeffern und offen bei mittlerer Hitze 10 Minuten garen lassen, bis das Wasser verdampft ist, dann mit Zitronensaft und Garam Masala abschmecken.

3 Die Kartoffeln heiß pellen und mit einer Gabel zermusen. Die Erbsen ebenfalls leicht anquetschen und mit Kichererbsenmehl und Koriandergrün unter die Kartoffelmasse mengen, salzen und pfeffern. Die Masse (sie sollte möglichst fest sein) in 4 Portionen teilen und daraus 4 Pattys formen. Diese Arbeitsschritte lassen sich gut vorbereiten.

4 Salat waschen und trocken tupfen. Den Grill aufheizen und eine eingelegte Grillplatte mit erhitzen. Grillplatte gut einfetten. Die Pattys auf jeder Seite 5–6 Minuten goldbraun braten. Zwischenzeitlich die Buns halbieren und auf der Grillplatte oder auf dem Grillrost rösten (s. S. 8). Die untere Hälfte anschließend mit Raita bestreichen, je 1 Salatblatt auflegen, darauf je 1 Patty setzen und mit Koriander-Chutney beträufeln. Zum Schluss die Sprossen daraufgeben, 1 Salatblatt auflegen und mit dem Bun-Deckel abdecken und servieren.

63

Für Grillgeräte mit Deckel

MR. GREEN BEAN

VEGGIE

DAS BRAUCHST DU

FÜR DIE PATTYS

350 g aufgetaute ausgelöste TK-Edamame

⅓ Bund Koriandergrün

⅓ Bund Petersilie

1 Zwiebel

1 Knoblauchzehe

1 TL gemahlener Kreuzkümmel

Salz, Pfeffer, Chilipulver

Saft von 1 Zitrone

3 EL Olivenöl

2 Eier (Größe S)

3 EL Kichererbsenmehl

FÜR DIE SESAMCREME

4 EL Tahin (Sesammus)

150 g Joghurt (3,5 % Fett)

5–6 EL Zitronensaft

Salz, Pfeffer

AUSSERDEM

2 Handvoll Baby-Spinat

2 Frühlingszwiebeln

Rosa-Rettich-Pickles (s. S. 30)

1 Kästchen Radieschenkresse (möglichst die mit den roten Stielen)

4 grüne Burger Buns (s. S. 15)

1 glatte Grillplatte (Gusseisen, alternativ Aluschale)

Fett für die Grillplatte

SO GEHT'S

1 Für die Pattys Edamame trocken tupfen. Kräuter waschen, trocken tupfen und samt Stängeln grob hacken. Zwiebel und Knoblauch schälen, beides grob würfeln. Alles mit Kreuzkümmel, Salz, Pfeffer, Chili, Zitronensaft und 1 EL Öl pürieren (am besten im Blitzhacker). Eier und Mehl zugeben und nochmals kurz pürieren. Die Masse sollte möglichst fest sein.

2 Den Grill auf 200 °C aufheizen und eine eingelegte Grillplatte mit erhitzen. Die Grillplatte gut einfetten. Die Edamame-Masse in 4 Portionen teilen, zu 4 flachen ca. 1 cm hohen Pattys formen und auf die Platte legen. Den Deckel schließen. 30 Minuten garen. Anschließend vorsichtig wenden, obere Seite mit dem restlichem Olivenöl bepinseln und in weiteren 20–30 Minuten braun backen.

3 Inzwischen für die Sesamcreme Tahin mit Joghurt glatt verrühren und mit Zitronensaft, Salz und Pfeffer abschmecken, evtl. noch etwas Wasser unterrühren. Spinat waschen, verlesen und trocken schleudern. Frühlingszwiebeln waschen, trocken schütteln, das Grün in feine Röllchen schneiden, den weißen Teil anderweitig verwenden. Pickles abtropfen lassen, Radieschenkresse vom Beet schneiden.

4 Die Buns halbieren und auf der Grillplatte oder auf dem Grillrost bei geöffnetem Deckel rösten (s. S. 8). Die Bun-Böden mit Zweidrittel der Tahincreme bestreichen und mit Zwiebelgrün bestreuen. Die Pattys auflegen, übrige Tahincreme darauf verteilen, Spinat darauf verteilen, darüber einige Rosa-Rettich-Pickles schichten und diese mit Radieschenkresse bestreuen. Bun-Deckel auflegen und sofort servieren.

Für offene Grillgeräte

MAGIC-MUSHROOM-BURGER

VEGAN

DAS BRAUCHST DU

FÜR DIE PILZ-PATTYS

4 Portobello-Pilze (ca. 350 g, ersatzweise große Champignons)
1 Knoblauchzehe
2 Zweige Thymian
Salz, Pfeffer
1–2 EL Gemüsebrühe
1 EL Aceto balsamico
⅓ TL Zucker

FÜR DIE TOMATEN

2 große Tomaten
½ TL Zucker
Salz, Pfeffer

AUSSERDEM

100 g Baby-Spinat
1 rote Zwiebel
4 vegane Buns (s. S. 16)
8 EL Cashew-Cocktail-Sauce (s. S. 27)
1 glatte Grillplatte (Gusseisen, alternativ Aluschale)
Fett für die Grillplatte

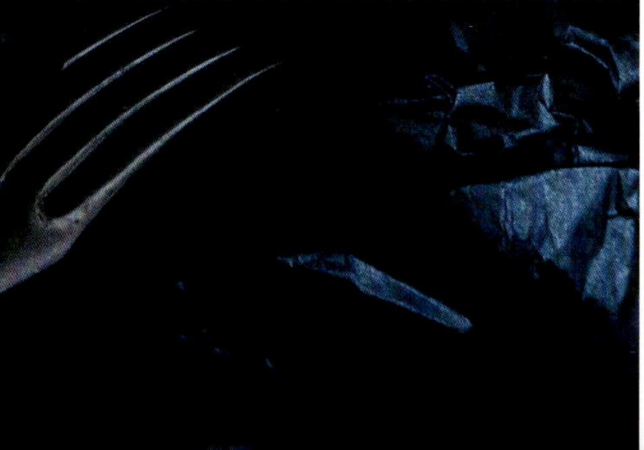

SO GEHT'S

1 Den Baby-Spinat waschen und trocken schütteln. Zwiebel schälen und in Ringe schneiden.

2 Für die Pattys die Pilze sauber abreiben und in dicke Scheiben schneiden. Knoblauch schälen und in Scheiben schneiden. Thymian waschen, trocken schütteln, Blättchen abzupfen und fein hacken.

3 Grill gut aufheizen und eine eingelegte Grillplatte mit erhitzen. Grillplatte mit Olivenöl gut einfetten. Pilzscheiben darauf legen. Mit Salz, Pfeffer und Thymian bestreuen. Mehrfach wenden. Mit Brühe und Essig beträufeln und den Zucker aufstreuen. Weiter wenden, bis die Pilze durchgegart sind. Anschließend von der Platte nehmen und warm halten.

4 Tomaten waschen und quer in 8 dicke Scheiben schneiden. Zucker mit ½ TL Salz und reichlich Pfeffer mischen. Tomatenscheiben auf einer Seite damit bestreuen. Auf die Platte legen und zuerst auf der gewürzten Seite 1–2 Minuten braten und weitere 2–3 Minuten auf der anderen.

5 Die Buns halbieren und auf der Grillplatte oder auf dem Grillrost rösten (s. S. 8). Die Bun-Böden und -Deckel mit je 1 EL Cashew-Cocktail-Sauce bestreichen. Die Hälfte des Spinats auf den Böden verteilen. Ggf. Pilzbratsud darüberträufeln, erst Zwiebeln, dann Pilze auflegen, darauf die Tomaten geben und den restlichen Spinat daraufhäufen. Bun-Deckel auflegen und sofort servieren.

65

Für Grillgeräte mit Deckel

DAS BRAUCHST DU

FÜR DIE ROTE-BETE-PATTYS

1 Dose Kidneybohnen (ca. 240 g Abtropfgewicht)
1 Rote Bete (ca. 180 g)
1 Knoblauchzehe
30 g Walnusskerne
3 Zweige Thymian
4 EL zarte Haferflocken
1 Ei (Größe M)
Salz, Pfeffer
1 ½ TL gemahlener Kreuzkümmel
2 EL Olivenöl

FÜR DEN SCHNITTLAUCHSCHMAND

150 g Schmand
50 g saure Sahne
½ Bio-Zitrone
1 Bund Schnittlauch
Salz, Pfeffer

AUSSERDEM

8 Blätter Lollo bianco
1 Fleischtomate
50 g Alfalfa-Sprossen
4 Burger Buns (s. S. 14)
6 EL Fixe Gurken-Pickles (s. S. 31)
1 glatte Grillplatte (Gusseisen, alternativ Aluschale)
Fett für die Grillplatte

ROTBEETCHEN OHNE WOLF

VEGGIE

SO GEHT'S

1 Die Bohnen in ein Sieb geben und abtropfen lassen. Rote Bete schälen (dazu Gummihandschuhe tragen, sie färbt stark) und auf der Rohkostreibe fein raspeln. Knoblauch schälen und grob zerschneiden, mit Bohnen und der Hälfte der Roten Bete pürieren. Walnüsse im Blitzhacker grob zerkleinern, Thymian waschen, trocken schütteln, Blättchen abzupfen und fein hacken. Beides mit dem Bohnenpüree, den restlichen Beteraspeln, Haferflocken und dem Ei vermengen. Kräftig mit Salz, Pfeffer und Kreuzkümmel würzen. Die Masse sollte möglichst fest sein. Etwa 30 Minuten ziehen lassen.

2 Inzwischen Schmand und saure Sahne verrühren. Zitrone heiß waschen, abtrocknen, Schale fein abreiben, den Saft auspressen. Schnittlauch waschen, trocken schütteln, in Röllchen schneiden und mit ½ TL Zitronenschale unter die Creme rühren. Salzen, pfeffern und mit 1–2 Spritzern Zitronensaft abschmecken.

3 Salat waschen und trocken tupfen. Tomate waschen und quer in ca. 1 cm dicke Scheiben schneiden, dabei den Stielansatz entfernen. Sprossen in einem Sieb kalt abbrausen und abtropfen lassen. Diese Arbeitsschritte lassen sich gut vorbereiten.

4 Den Grill auf 220 °C aufheizen und eine eingelegte Grillplatte mit erhitzen. Grillplatte gut einfetten. Aus der Rote-Bete-Bohnenmasse 4 Pattys formen, beidseitig mit Öl bepinseln. Auf die Platte legen und bei geschlossenem Deckel in 30–40 Minuten knusprig backen, dabei wenden und nochmals mit Öl bepinseln.

5 Die Buns halbieren und auf der Grillplatte oder auf dem Grillrost rösten (s. S. 8). Bun-Böden und -Deckel mit Schnittlauchschmand bestreichen. Auf die Böden je 1 Salatblatt auflegen. Darauf 1 Patty setzen, Gurken-Pickles daraufhäufen. Eine Tomatenscheibe auflegen, darauf Sprossen verteilen, 1 Salatblatt darüberlegen und mit dem Bun-Deckel abschließen.

66

Für Grillgeräte mit Deckel

THANKS-FOR-GIVING-BURGER

VEGGIE

DAS BRAUCHST DU

FÜR DIE HIRSE-KÜRBIS-PATTYS

80 g Hirse
Salz, Pfeffer
180 g Hokkaido-Kürbis (geputzt ca. 140 g)
1 Stück Lauch (80 g)
1 Knoblauchzehe
2 Zweige Thymian
2 EL Olivenöl
2 EL Magerquark
1 Ei (Größe M)
1 TL Currypulver

FÜR DIE PILZE

120 g Austernpilze
2 EL Olivenöl
Salz, Pfeffer

AUSSERDEM

4 Radicchioblätter
1 Handvoll Feldsalat
80 g Parmesan
4 Roggenbrötchen, alternativ Burger Buns (s. S. 14)
8 EL Mayonnaise (s. S. 24 oder aus dem Glas)
1 glatte Grillplatte (Gusseisen, alternativ Aluschale))
Fett für die Grillplatte

SO GEHT'S

1 Für die Pattys 150 ml Wasser aufkochen, Hirse zugeben und salzen. Bei kleiner Hitze zugedeckt 10 Minuten köcheln lassen, anschließend Herd ausschalten und die Hirse auf der warmen Herdplatte 10–15 Minuten ausquellen lassen. Abkühlen lassen.

2 Inzwischen den Kürbis waschen, Kerne und Fasern herauskratzen, das Fruchtfleisch mit Schale auf der Rohkostreibe grob raspeln. Lauch längs halbieren, waschen, die Hälften längs in dünne Streifen und diese in Stückchen schneiden. Knoblauch schälen und fein hacken. Thymian waschen, trocken schütteln, Blättchen abzupfen und fein hacken. Öl in einer beschichteten Pfanne erhitzen, darin Lauch und Knoblauch anbraten, bis der Lauch bräunt, Kürbis und Thymian zugeben, salzen, pfeffern und unter Rühren 3–5 Minuten bei mittlerer bis großer Hitze braten. Abkühlen lassen. Den Pfanneninhalt mit der Hirse, Quark und Ei verrühren, kräftig mit Currypulver, Salz und Pfeffer würzen. Die Masse sollte möglichst fest sein. Daraus 4 Pattys formen und 30 Minuten zugedeckt im Kühlschrank ruhen lassen.

3 Den Grill stark aufheizen und eine eingelegte Grillplatte mit erhitzen. Pilze sauber reiben, grob teilen. Bei offenem Deckel auf der Platte unter Wenden garen, dabei mit Öl besprenkeln. Salzen und pfeffern. Herunternehmen und warm halten. Den Grill nun auf 250 °C aufheizen. Grillplatte gut einfetten. Pattys auf die Platte legen und bei geschlossenem Deckel 30–35 Minuten backen, dabei nach 20 Minuten wenden.

4 Radicchio und Feldsalat waschen, putzen, trocken schleudern, Feldsalat evtl. kleiner zupfen. Parmesan in Späne hobeln.

5 Die Buns halbieren und auf der Grillplatte oder auf dem Grillrost rösten (s. S. 8). Bun-Böden und -Deckel mit 1 EL Mayonnaise bestreichen. Auf die Böden je 1 Radicchioblatt, darauf 1 Patty legen. Pilze darauf verteilen, Feldsalat und Parmesan darübergeben. Bun-Deckel auflegen und sofort servieren.

67

Für Grillgeräte mit Deckel

WALD & WIESEN-BURGER

VEGAN

DAS BRAUCHST DU

FÜR DIE PATTYS

100 g Berglinsen
1 EL Leinsamenmehl
80 g braune Champignons
50 g Lauch
1 Zwiebel
4 Zweige Thymian
2 EL Olivenöl
Salz, Pfeffer
1 EL Tomatenmark
4 EL Haferflocken
Olivenöl zum Braten

AUSSERDEM

½ Bund Petersilie
8 EL Sojanese (s. S. 26)
8 Blätter (roter) Eichblattsalatt
4 vegane Buns (s. S. 16)
Rosa-Zwiebel-Pickles (s. S. 30)
1 glatte Grillplatte (Gusseisen, alternativ Aluschale)
Fett für die Grillplatte

SO GEHT'S

1 Für die Pattys die Linsen mit 400 ml Wasser in einem Topf aufkochen und bei mittlerer Hitze zugedeckt in ca. 25 Minuten garen, dabei sollten sie nicht zerkochen. In ein Sieb abgießen und abtropfen lassen. In der Zwischenzeit das Leinsamenmehl und 4 EL Wasser mit dem Schneebesen glatt verrühren und quellen lassen. Die Champignons sauber reiben und klein würfeln. Den Lauch waschen und putzen, Zwiebel schälen und beides ebenfalls klein würfeln. Thymian waschen, trocken schütteln, die Blättchen abzupfen und hacken. Olivenöl in einer Pfanne erhitzen, Zwiebel und Lauch darin anschwitzen. Die Pilze zugeben und bei großer Hitze braun braten, dabei sollte möglichst alle Flüssigkeit verdunsten. Salzen und pfeffern, dann Thymian und Tomatenmark unterrühren, noch kurz weiterrösten und abkühlen lassen. Linsen, Pilzmischung und Haferflocken grob pürieren. Die Leinsamenmischung untermixen. Die Masse sollte dabei möglichst fest sein. Aus dieser Masse 4 flache Burgerpattys formen.

2 Den Grill auf 200 °C aufheizen. Eine eingelegte Grillplatte miterhitzen. Die Platte gut einfetten. Die Pattys bei offenem Deckel beidseitig braun anbraten. Herunternehmen. Die Grillplatte noch einmal gut einfetten. Die Pattys darauflegen und bei geschlossenem Deckel in ca. 40 Minuten fertig garen. Dabei einmal wenden.

3 Die Petersilie waschen, trocken schütteln, die Blätter abzupfen, die Hälfte fein hacken und unter die Sojanese rühren, die restlichen grob zerzupfen. Den Salat waschen, putzen und trocken tupfen.

4 Die Buns halbieren und auf der Grillplatte oder auf dem Grillrost rösten (s. S. 8). Die Bun-Böden mit je 1 knappen EL Sojanese bestreichen. Das Patty auflegen, die Salatblätter darüberschichten und mit der restlichen Sojanese beträufeln. Die Zwiebelpickles daraufhäufen und dann mit den Petersilienblättchen bestreuen. Den Bun-Deckel auflegen und servieren.

68

Für offene Grillgeräte

DAS BRAUCHST DU

FÜR DIE LINSENCREME

2 Stangen Staudensellerie
1 Schalotte
1 Knoblauchzehe
3 Zweige Thymian
2 EL Olivenöl
1 EL Tomatenmark
100 g rote Linsen
200 ml Gemüsebrühe
½ TL gemahlener Kreuzkümmel
Salz, Pfeffer

AUSSERDEM

300 g Spinat
1 Knoblauchzehe
2 EL Olivenöl
Salz, Pfeffer
2 Tomaten
4 Scheiben Halloumi (à 100 g)
4 Burger Buns (s. S. 14)
6 EL Knoblauch-Mayonnaise (s. S. 25)
Fett für den Rost

CYPRUS-STAR

VEGGIE

SO GEHT'S

1 Für die Linsencreme Staudensellerie waschen und putzen, das Grün beiseitelegen, die Stangen längs halbieren und in kleine Stücke schneiden. Schalotte und Knoblauch schälen und fein würfeln. Thymian waschen, trocken schütteln, Blättchen abzupfen und fein hacken. Öl in einem Topf erhitzen, darin Schalotte, Knoblauch und Sellerie anschwitzen, bis sie leicht bräunen. Tomatenmark und Thymian unterrühren und kurz mitrösten. Dann Linsen und Gemüsebrühe zugeben, mit Kreuzkümmel, Salz und Pfeffer würzen. Bei mittlerer Hitze in 25–30 Minuten offen garen, bis die Linsen weich sind und leicht zerfallen. Lauwarm abkühlen lassen, evtl. leicht mit einer Gabel zermusen.

2 Inzwischen Spinat waschen und verlesen. Knoblauch schälen und fein hacken. Öl in einem Topf erhitzen, darin den Knoblauch anschwitzen. Den tropfnassen Spinat zugeben, salzen, pfeffern und bei großer Hitze zusammenfallen lassen. In ein Sieb abgießen und abtropfen lassen, etwas abkühlen lassen, dann so viel Flüssigkeit wie möglich ausdrücken und den Spinat zerzupfen. Tomaten waschen und quer in Scheiben schneiden, dabei den Stielansatz entfernen. Selleriegrün grob hacken.

3 Den Grill aufheizen. Das Grillgitter einfetten. Darauf den Halloumi beidseitig in 3–4 Minuten pro Seite braten. Buns halbieren und auf dem Grillrost rösten (s. S. 8). Die Linsencreme auf den Bun-Böden verteilen, darauf je 1 Scheibe Halloumi legen, etwas Selleriegrün aufstreuen, darauf Spinat und darauf die Tomaten verteilen. Bun-Deckel mit Knoblauch-Mayonnaise bestreichen, auflegen und servieren.

69

Für offene Grillgeräte

SUZIE-WONG-BURGER

VEGGIE

DAS BRAUCHST DU

400 g fester Tofu
2 EL Sweet-and-Sour-Chilisauce (aus dem Asien-Laden)
1 TL Chilisauce (z. B. Sriracha)
2 EL Sojasauce

AUSSERDEM

2 (asiatische) Schalotten
6 Stängel Koriandergrün
2 Stängel Thai-Basilikum
60 g Baby-Spinat
4 Burger Buns (s. S. 14)
4 EL Ketchup (s. S. 22 oder Fertigprodukt)
6 EL Maracuja-Mayonnaise (s. S. 25)
Scharfer Asia-Pickles-Salat (s. S. 37)
Fett für den Rost

SO GEHT'S

1 Den Tofu in einen dick mit Küchenpapier ausgelegten Teller legen. Küchenpapier und darüber ein Brett auflegen. Konservendosen darauf stellen und so 2–4 Stunden Flüssigkeit aus dem Tofu pressen. Anschließend nochmals gut trocken tupfen. Tofu in 4 gleich dicke Scheiben schneiden. Sweet-and-Sour-Chilisauce, Chilisauce und Sojasauce verrühren und den Tofu 2 Stunden darin marinieren.

2 Schalotten schälen und in feine Ringe oder grobe Würfel schneiden. Die Kräuter waschen, trocken schütteln, Blättchen abzupfen und zerzupfen. Spinat waschen und trocken schleudern.

3 Den Grill aufheizen. Den Tofu trocken tupfen. Auf den eingefetteten Rost setzen und in 6–8 Minuten rundum knusprig braun braten.

4 Gleichzeitig Buns halbieren und auf dem Grillrost rösten (s. S. 8). Den Ketchup auf den Bun-Böden verteilen, die Maracuja-Mayonnaise auf den Deckeln. Spinat auf den Böden verteilen, mit Schalotten bestreuen. Darauf je 1 Scheibe Tofu legen. Reichlich abgetropfte Asia-Pickles daraufhäufen, dick mit Kräutern bestreuen und die Bun-Deckel auflegen, sofort servieren.

70

Für offene Grillgeräte

DAS BRAUCHST DU

FÜR DAS CHILI-ORANGEN-KOMPOTT

4 Orangen
1 Knoblauchzehe
2 EL Olivenöl
2 EL Ahornsirup
2 EL Weißwein- oder Reisessig
2 EL Sojasauce
1 TL Sweet-and-Sour-Chilisauce (aus dem Asien-Laden)

AUSSERDEM

8 Kopfsalatblätter
400 g Tempeh
Öl zum Bestreichen
4 vegane Buns (s. S. 16)
6 EL Asiatische Grüne Tofunaise (s. S. 27)
1–2 EL Korianderblättchen
Rainbow-Slaw (s. S. 37)
Fett für den Rost

JAKARTA-BURGER

VEGAN

SO GEHT'S

1 Für das Chili-Orangen-Kompott von 2 Orangen die Schale mit einem Messer so ausschneiden, dass auch die weiße Haut mitentfernt ist. Das Fruchtfleisch zwischen den Häuten herausschneiden und in Stückchen schneiden, dabei den Fruchtsaft auffangen. Den Saft aus den übrigen Orangen auspressen. Knoblauch schälen.

2 Öl in einer beschichteten kleinen Pfanne erhitzen. Knoblauch hineinpressen, kurz anschwitzen, dann mit Orangensaft ablöschen. Sofort Ahornsirup, Essig, Sojasauce und Sweet-and-Sour-Chilisauce einrühren. Köcheln lassen, bis die Flüssigkeit sirupartig einzudicken beginnt. Orangenstücke zugeben und kurz weiterköcheln, bis die Sauce zähflüssig ist. Vom Herd nehmen. Diese Arbeitsschritte lassen sich gut vorbereiten.

3 Den Salat waschen und trocken tupfen. Den Tempeh in 4 gleich große Scheiben schneiden. Mit etwas Öl bestreichen.

4 Den Grill aufheizen und den Rost gut einfetten. Den Tempeh beidseitig in 3–5 Minuten bei mittlerer Hitze goldbraun und knusprig braten. Herunternehmen, nach Möglichkeit warm halten. Gleichzeitig die Buns halbieren, auf dem Grillrost rösten (s. S. 8). Die Bun-Böden und -Deckel mit je 1 knappen EL Tofunaise bestreichen und je 1 Salatblatt auflegen. Tempeh darauflegen und mit dem Orangenkompott beträufeln. Korianderblättchen waschen, trocken schütteln und aufstreuen. Je 1 Salatblatt darüberlegen und den gut abgetropften Rainbow-Slaw daraufhäufen. Bun-Deckel auflegen und die Burger servieren.

4. KAPITEL: ES MUSS NICHT IMMER BROT SEIN ...

Mit völlig unterschiedlichen „Buns",
die keine Brötchen sind ...

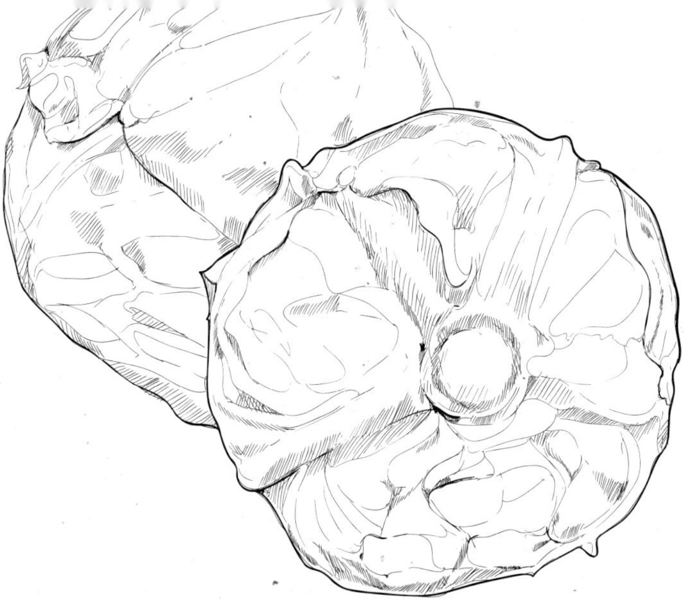

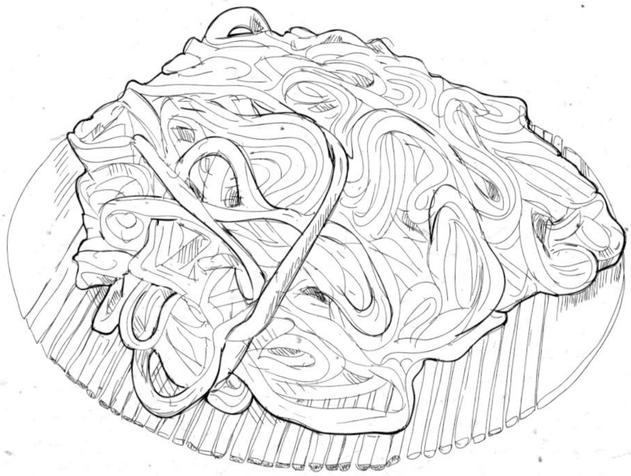

71

Für offene Grillgeräte

DAS BRAUCHST DU

FÜR DIE PATTYS

480 g Rinderhackfleisch (s. S. 10)

FÜR DIE RAMEN-BUNS

250 g Ramen-Nudeln (alternativ Mie-Nudeln)

2 Eier (Größe M)

Salz

AUSSERDEM

2 Mini-Pak-Choi

1 Knoblauchzehe

2 EL Sonnenblumenöl

Salz

100 g weißer Rettich

4 EL Ketchup (s. S. 22 oder Fertigprodukt)

1 EL Sweet-and-Sour-Chilisauce (aus dem Asien-Laden)

4 EL Miso-Mayonnaise (s. S. 25)

1 glatte Grillplatte (Gusseisen, alternativ Aluschale)

Fett für die Grillplatte

RAMEN-BURGER

SO GEHT'S

1 Für die Ramen-Buns die Nudeln nach Packungsanweisung bissfest garen, in ein Sieb abgießen, abtropfen lassen und, auf einem sauberen Geschirrtuch ausgebreitet, abtrocknen und abkühlen lassen. Eier mit etwas Salz in einer Schüssel verquirlen und die Nudeln darin gründlich wenden. Nudeln in 8 Portionen teilen und jeweils in einem Dessertring oder der Burgerpresse flach und fest zusammenpressen. Diese Arbeitsschritte lassen sich gut vorbereiten.

2 Die Pattys, wie auf S. 12 beschrieben, vorbereiten und kühl stellen. Inzwischen den Pak Choi waschen und in einzelne Blätter teilen. Knoblauch schälen und in Scheiben schneiden. Öl in einer Pfanne erhitzen, darin den Knoblauch anschwitzen. Pak Choi tropfnass zugeben und unter Wenden bei großer Hitze zusammenfallen lassen, salzen, in ein Sieb gießen und abtropfen lassen. Anschließend die Blätter lang auslegen und trocken tupfen. Rettich schälen und längs in möglichst feine, hauchdünne Streifen hobeln. Ketchup mit Sweet-and-Sour-Chilisauce verrühren.

3 Den Grill aufheizen und eine eingelegte Grillplatte mit erhitzen. Grillplatte gut fetten. Die Ramen-Buns vorsichtig darauf setzen und in je 3–4 Minuten bei mittlerer Hitze auf beiden Seiten schön braten. Pattys möglichst zeitgleich mit den Buns auf der Platte garen, (s. S. 12), andernfalls erst die Buns zubereiten und anschließend warm halten. 4 Ramen-Buns mit je 1 knappen EL Miso-Mayonnaise bestreichen. Fleischpatty auflegen, darauf die restliche Mayonnaise geben. Pak Choi darauf anordnen und mit Ketchup beträufeln, darauf den Rettich verteilen und je 1 Bun-Deckel auflegen. Möglichst noch warm servieren.

72

Für Grillgeräte mit Deckel

UP IN THE AIR

LOW CARB

DAS BRAUCHST DU

FÜR DIE WOLKENBROT-BUNS

3 Eier
(Größe M)

Salz

100 g Frischkäse

2 Msp. Currypulver

1 gestr. TL Backpulver

FÜR DIE PATTYS

480 g Rinderhackfleisch
(s. S. 10)

AUSSERDEM

4 Blätter Eisbergsalat

1 Tomate

1 Frühlingszwiebel

Guacamole
(s. S. 28)

1 glatte Grillplatte
(Gusseisen, alternativ Aluschale)

Fett für die Grillplatte

SO GEHT'S

1 Grill auf 150 °C aufheizen und eine eingelegte Grillplatte mit erhitzen. Grillplatte gut einfetten. Für die Wolkenbrot-Buns Eier trennen, Eiweiße und 1 Prise Salz mit den Schneebesen des Handrührgeräts steif schlagen. Eigelbe mit Frischkäse und Currypulver glatt verrühren, Eischnee daraufgeben, Backpulver darübersieben und alles vorsichtig unterheben.

2 Den Teig in 8 Portionen mit reichlich Abstand zueinander als Häufchen auf die Grillplatte setzen. Bei geschlossenem Deckel in ca. 25 Minuten goldbraun backen. Evtl. Teilmengen nacheinander verarbeiten. Herausnehmen und auf Kuchengittern vollständig auskühlen lassen.

3 Inzwischen die Pattys, wie auf S. 12 beschrieben, vorbereiten und kühl stellen. Salat waschen, trocken schleudern und in feine Streifen schneiden. Tomate waschen und quer in dünne Scheiben schneiden. Frühlingszwiebel waschen, putzen und mit dem Grün in feine Ringe schneiden.

4 Die Grillhitze erhöhen. Die Pattys bei offenem Deckel auf der Grillplatte oder dem gefetteten Rost (vorher heiß werden lassen) grillen (s. S. 12). Die Wolkenbrötchen auf der glatten Seite mit jeweils etwas von der Guacamole bestreichen. Auf 4 der Brötchen erst die Salatblätter, dann die Pattys auflegen, darüber die Tomaten legen und die Zwiebelringe darüberstreuen. Die übrigen 4 Brötchen als Deckel mit der Guacamole nach unten auflegen und leicht andrücken, sofort servieren.

73

SUSHI-REIS-BUNS

GRUND-REZEPT

DAS BRAUCHST DU

FÜR 4 BUNS

250 g Sushi-Reis

3 EL Reisessig
+ 3 EL Essig zum Arbeiten

2 EL Zucker

1 TL Salz

SO GEHT'S

1 Den Reis in einer großen Schüssel in reichlich kaltem Wasser vorsichtig mit den Händen durchrühren – nicht zu fest, sonst brechen die Reiskörner. Sobald das Wasser milchig weiß ist, Reis in ein Sieb abgießen, kalt abbrausen. Wieder in eine Schüssel mit Wasser geben und diesen Vorgang des Wässerns und Abgießens zwei- bis dreimal wiederholen, bis das Wasser fast klar bleibt. Nach dem letzten Gang den Reis 30 Minuten in Wasser quellen lassen.

2 Reis in ein Sieb abgießen. Mit 270 ml Wasser in einem Topf zugedeckt bei großer Hitze 1–2 Minuten aufkochen. Hitze reduzieren und bei kleinster Hitze zugedeckt 10 Minuten garen. Den Topf vom Herd nehmen, Deckel abnehmen, ein sauberes Geschirrtuch über den Topf legen und den Reis 15 Minuten auskühlen lassen. Währenddessen Essig, Zucker und Salz in einem kleinen Topf unter Rühren erhitzen, bis Zucker und Salz sich vollständig aufgelöst haben. Dann vom Herd nehmen und abkühlen lassen.

3 Den Reis in eine möglichst breite flache Schüssel mit hohem Rand geben und den Reis vorsichtig verteilen. Essigmischung über den handwarmen Reis träufeln und mit einem breiten Holzspatel verteilen: dazu immer wieder vorsichtig, ohne den Reis zu drücken oder umzurühren, diagonale Linien durch den Reis ziehen – er sollte möglichst locker bleiben. Den Reis kühlen und etwas abtrocknen lassen, das geht am besten, wenn man den Reis mit der Kaltluftstufe des Föns trocken pustet. Anschließend bis zum Verarbeiten ein feuchtes Geschirrtuch über die Schale mit dem Reis legen, damit er nicht austrocknet.

4 Um die Buns zu formen, ein rundes kleines Sieb mit Frischhaltefolie auslegen und diese unter dem Sieb befestigen. Sushi-Reis in das Sieb geben und leicht darin festdrücken. Herauslösen und nochmals leicht von Hand in Form drücken. So 8 Plätzchen herstellen. ½ l Wasser mit 3 EL Reisessig mischen. Die Hände mit Essigwasser befeuchten und die Plätzchen zu einem standfesten Boden und einem schön gerundeten Deckel nachformen.

74

Für offene Grillgeräte

TOKIO-DELIGHT- **BURGER**

DAS BRAUCHST DU

1 Bio-Mini-Gurke
1 Handvoll Baby-Leaves
4 Thunfischsteaks (à ca. 100 g)
Salz, Pfeffer
4 Sushi-Reis-Buns (s. S. 130)
6 EL Wasabi-Mayonnaise (s. S. 22)
Rosa-Rettich-Pickles (s. S. 30)
1 EL schwarzer Sesam zum Bestreuen (nach Belieben)
Fett für den Rost

SO GEHT'S

1 Den Grill aufheizen. Die Gurke waschen und in feine Scheiben schneiden. Baby-Leaves waschen und trocken tupfen. Die Thunfischsteaks salzen und pfeffern. Auf den eingefetteten Grillrost legen und 2–3 Minuten garen, wenden und auf der anderen Seite weitere 2–3 Minuten braten. Warm halten.

2 Die Bun-Böden mit je 1 EL Wasabi-Mayonnaise bestreichen. Gurken darauf geben, dann das Thunfischsteak, Baby-Leaves und darauf einige abgetropfte Rosa-Rettich-Pickles. Restliche Mayonnaise darüberträufeln und den Bun-Deckel auflegen. Nach Wunsch mit Sesam bestreuen.

75

CHICKEN-SUSHI- **BURGER**

DAS BRAUCHST DU

2 Frühlingszwiebeln
1 große reife Avocado
1 TL Limettensaft
Salz, Pfeffer
4 Sushi-Reis-Buns (s. S. 130)
Pulled Asia-Chicken (s. S. 77)
Scharfe Ingwer-Möhren-Pickles (s. S.31)
Chiliflocken zum Bestreuen (nach Wunsch)
Fett für den Rost

SO GEHT'S

1 Frühlingszwiebeln waschen, putzen, den weißen Teil längs vierteln, die Viertel fein hacken, den grünen Teil in feine Ringe schneiden. Avocado halbieren, Kern entfernen und das Fleisch aus der Schale löffeln. Sofort mit Limettensaft beträufeln und mit einer Gabel fein zerdrücken, salzen, pfeffern. Zwiebelstückchen unterrühren.

2 Das Avocadomus auf den Bun-Böden verteilen, darauf Pulled Chicken häufen und rund in Form drücken. Abgetropfte Möhrenstreifen auflegen und mit Frühlingszwiebelringen bestreuen. Bun-Deckel auflegen, nach Wunsch mit Chiliflocken bestreuen.

TOKIO DELIGHT
BURGER

CHICKEN-SUSHI-
BURGER

76

Für offene Grillgeräte

GLÜCKSPILZ-BURGER

VEGGIE

LOW CARB

DAS BRAUCHST DU

FÜR DIE PILZ-BUNS

8 Portobello-Pilze (ca. 700 g, ersatzweise große Champignons)

6 EL Olivenöl

1 TL Kräuter der Provence

1 Knoblauchzehe

FÜR DIE ARTISCHOCKENCREME

1 Dose in Salzlake eingelegte Artischockenherzen (ca. 180 g Abtropfgewicht)

2 Stängel Basilikum

4 Stängel Petersilie

2 EL Zitronensaft

Salz, Pfeffer

AUSSERDEM

1 Fleischtomate

8 Scheiben Friséesalat

2 Stängel Basilikum

400 g geräucherter Scamorza

4 gegrillte Auberginenscheiben (s. S. 33)

1 glatte Grillplatte (Gusseisen, alternativ Aluschale)

Fett für die Grillplatte

SO GEHT'S

1 Für die Pilz-Buns die Pilze säubern und die Lamellen an der Unterseite der Pilze vorsichtig mit einem Löffel herauskratzen. Öl mit Kräutern der Provence in einer Schale mischen, Knoblauch schälen und dazupressen. Die Pilze mit der gerundeten Seite ins Öl setzen und 15 Minuten darin ziehen lassen (evtl. in zwei Lagen oder mit zwei Schüsseln arbeiten).

2 Inzwischen für die Artischockencreme die Artischockenherzen in ein Sieb abgießen und abtropfen lassen, dabei das Einlegewasser auffangen. Die Kräuter waschen, trocken schütteln, Blättchen abzupfen und mit den Artischockenherzen und 1 EL Zitronensaft in ein hohes Mixgefäß geben. Alles fein pürieren, dabei nach Möglichkeit etwas Einlegewasser zugeben – es sollte eine feste Creme entstehen. Mit Salz, Pfeffer und evtl. noch etwas Zitronensaft abschmecken. Diese Arbeitsschritte lassen sich gut vorbereiten.

3 Tomate waschen und quer in 4 ca. 1 cm dicke Scheiben schneiden, dabei den Stielansatz entfernen. Salat waschen, trocken schleudern und in Stücke zupfen. Basilikum waschen, trocken schütteln, Blättchen abzupfen und grob zerzupfen. Scamorza in 4 gleich dicke Scheiben schneiden.

4 Den Grill aufheizen und eine eingelegte Grillplatte mit erhitzen. Grillplatte gut einfetten. Pilze aus der Marinade nehmen und mit der eingelegten Seite zuerst auf die Platte setzen, dabei leicht andrücken und 6–8 Minuten braten. Etwas Einlegeöl obenauf pinseln. Dann die Pilze wenden und in weiteren 4–6 Minuten fertig braten. Wenn möglich, auf derselben Platte den Scamorza bei mittlerer Hitze auf einer Seite grillen, bis er leicht zu schmelzen beginnt. Ggf. erst die Pilze garen und warm halten, dann den Käse auf die Platte geben.

5 Die Pilze mit der gerundeten Seite nach unten auf Teller legen und die Artischockencreme in die Höhlung geben. Auf 4 Pilze dann etwas Salat, je 1 Auberginenscheibe und etwas Basilikum legen. Darüber den Käse legen. Etwas Salat daraufgeben, darüber je 1 Tomatenscheibe und Basilikum legen. Die übrigen 4 Pilze als Deckel mit der Artischockencreme nach unten auflegen und sofort servieren.

77

Für Grillgeräte mit Deckel

SWEET-DARLING-BURGER

LOW CARB

DAS BRAUCHST DU

FÜR DIE SÜSSKARTOFFEL-BUNS

4 Süßkartoffeln (ca. 1,2 kg)
Salz, 2 Eier (Größe M)
5 EL Kichererbsenmehl

FÜR DIE PATTYS

400 g Rinderhackfleisch (s. S. 8)

FÜR DAS BOHNENMUS

1 Dose schwarze Bohnen (400 g Füllgewicht)
1 Zwiebel, 1 Knoblauchzehe
4 EL Olivenöl
1 kleine grüne Chilischote
1–2 EL Limettensaft
½ TL gemahlener Kreuzkümmel
Salz, Pfeffer
1 EL gehacktes Koriandergrün

FÜR DIE KORIANDERSALSA

1 Knoblauchzehe
1 Bund Koriandergrün
½ Bund Petersilie
20 g geröstete gesalzene Cashewkerne
70 ml Olivenöl
1 EL Limettensaft
Salz, Pfeffer, ¼ TL Chiliflocken

AUSSERDEM

4 Blätter Lollo bianco
1 Fleischtomate
1 glatte Grillplatte (Gusseisen, alternativ Aluschale)
Fett für Grillplatte und Rost

SO GEHT'S

1 Süßkartoffeln schälen, Enden gerade schneiden, dann mit dem Spiralschneider in Streifen schneiden. Spiralen mit 1 Prise Salz würzen und mit den Händen kräftig durchkneten, damit sie weich und biegsam werden. In eine Schüssel geben, zusammendrücken und mit einer zweiten mit Wasser gefüllten Schüssel beschweren – 30 Minuten ziehen lassen.

2 Inzwischen die Pattys, wie auf S. 12 beschrieben, vorbereiten und kühl stellen. Für die Salsa Knoblauch schälen und grob hacken, Kräuter waschen, gut trocken tupfen und mit den Stielen grob zerschneiden. Mit den Cashewkernen, Knoblauch, Öl und Limettensaft fein pürieren. Mit Salz, Pfeffer und Chiliflocken scharf abschmecken.

3 Für das Bohnenmus Bohnen in ein Sieb abgießen, Einweichflüssigkeit auffangen. Zwiebel und Knoblauch schälen und klein würfeln. Beides in Olivenöl bei mittlerer Hitze goldgelb anbraten. Chilischote putzen, samt Kernen fein hacken und gegen Garzeitende kurz mitanbraten. Zwiebelmischung samt Bratöl zu den Bohnen geben, mit Limettensaft und so viel Einweichwasser pürieren, dass ein cremiges Mus entsteht. Mit Kreuzkümmel, Salz und Pfeffer würzen, Koriandergrün unterrühren.

4 Backofen auf 200 °C (Ober-/Unterhitze) vorheizen. Süßkartoffelnudeln ausdrücken und trocken tupfen. Eier verquirlen und mit Kichererbsenmehl unter die Gemüsenudeln mischen. Daraus 8 Plätzchen à 10 cm Durchmesser formen und gut festdrücken. Reichlich Öl in einer Pfanne erhitzen, darin die Plätzchen, evtl. portionsweise nacheinander, bei mittlerer Hitze beidseitig braun braten, dann herausnehmen.

5 Den Grill auf 200 °C aufheizen, eingelegte Grillplatte fetten und mit erhitzen. Vorbereitete Süßkartoffel-Plätzchen darauf bei geschlossenem Deckel in 8–10 Minuten fertig garen., anschließend herausnehmen und etwas abkühlen lassen. Inzwischen die Salatblätter waschen und trocken tupfen, Tomate waschen und quer in Scheiben schneiden. Die Pattys bei offenem Deckel auf dem gefetteten Rost oder der gefetteten Platte grillen (s. S. 12). Je 4 Süßkartoffel-Buns mit einem Viertel der Bohnencreme bestreichen. Darauf je 1 Salatblatt, 1 Fleischpatty und 1–2 Tomatenscheiben legen. Zum Schluss Koriandersalsa darüberträufeln und mit 1 Süßkartoffel-Bun abdecken.

78

Für Grillgeräte mit Deckel

DAS BRAUCHST DU

FÜR DIE TAPENADE

100 g schwarze Oliven (ohne Stein)

1 EL Kapern

2 in Salz eingelegte Sardellenfilets

1 Knoblauchzehe

½ TL Kräuter der Provence

3 EL Olivenöl

Pfeffer

AUSSERDEM

1 Fleischtomate

1 kleines Bund Rucola

150 g Ziegenkäse

1½ EL Honig

8 gegrillte Paprikascheiben (s. S. 33)

8 gegrillte Zucchinischeiben (s. S. 29)

4–8 gegrillte Auberginnscheiben (s. S. 33)

Aluschale

Fett für den Rost und die Aluschale

AUBERGINEN-BURGER

LOW CARB

SO GEHT'S

1 Für die Tapenade Oliven und Kapern grob hacken. Sardellen mit kaltem Wasser abspülen, trocken tupfen, Knoblauch schälen, beides ebenfalls hacken. Alles mit Kräutern und Olivenöl mithilfe des Stabmixers nicht zu fein pürieren. Mit Pfeffer würzen. Dieser Arbeitsschritt lässt sich gut vorbereiten. Die Tomate waschen und quer in 8 dünne Scheiben schneiden, dabei den Stielansatz entfernen. Rucola waschen, trocken schütteln, grobe Stängel wegschneiden.

2 Ziegenkäse in 4 gleich dicke Scheiben schneiden, in die gefettete Schale setzen und mit etwas Honig beträufeln. Für 3–5 Minuten den Deckel schließen, bis der Käse weich und heiß ist, dann herausnehmen.

3 Je 1 Auberginenscheibe auf einen Teller legen. Darauf erst je 1 Tomatenscheibe, etwas Tapenade und ein paar Blättchen Rucola legen, darüber 2 Paprikahälften legen. Ziegenkäse auflegen, pfeffern, dann etwas Rucola daraufgeben. Darauf je 2 gefaltete Zucchinischeiben legen. 1 Tomatenscheibe daraufsetzen, mit Tapenade beträufeln, Rucola daraufgeben und mit 1 weiteren Auberginenscheibe abschließen.

REGISTER

NOCH MEHR
GRILLVERGNÜGEN:

Ja, ich grill!
ISBN: 978-3-86355-978-6
20,00 € (DE) / 20,60 € (AT)

Ja, ich grill – Im Winter
ISBN: 978-3-96093-413-4
22,00 € (DE) / 22,70 € (AT)

Ja, ich grill! – Vegetarisch
ISBN: 978-3-86355-885-7
20,00 € (DE) / 20,60 € (AT)

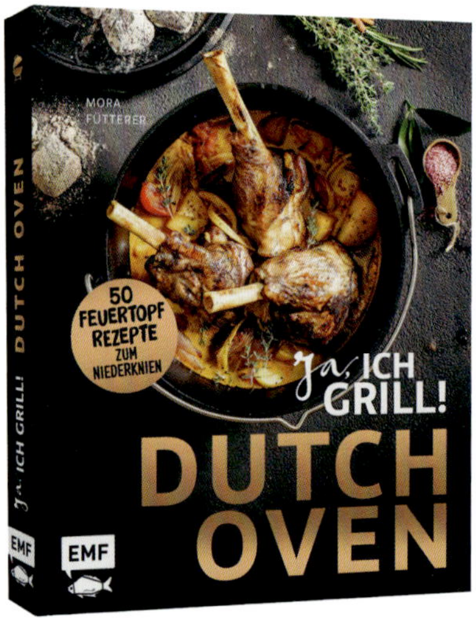

Dutch Oven – Ja, ich grill!
ISBN: 978-3-96093-271-0
22,00 € (DE) / 22,70 € (AT)

ÜBER DIE **AUTORIN**

Tanja Dusy fühlt sich am wohlsten, wenn es in der Küche rundgeht. Sie schreibt seit 20 Jahren erfolgreich Kochbücher und war lange Zeit als Redakteurin tätig. Als Küchenprofi entwickelt sie Rezepte, die nicht nur verlässlich gelingen, sondern auch das besondere Etwas haben.

ÜBER DIE **FOTOGRAFIN**

Auf dem Blog von Tina Bumann **tinastausendschoen.de** findet man tolle, abwechslungsreiche Rezeptideen mit einer Vielzahl von stimmungsvollen und einladenden Bildern. „Fotos, bei denen jedem direkt das Wasser im Munde zusammenläuft." Tina arbeitet als freie Fotografin, Foodstylistin und Rezeptentwicklerin. Ihre Fotos schmücken zahlreiche Cover und Magazinseiten, Homepages und Social-Media-Kanäle.

IMPRESSUM

Bibliografische Information der Deutschen Bibliothek.

Die Deutsche Bibliothek verzeichnet diese Publikation in der deutschen Nationalbibliografie.

Detaillierte bibliografische Daten sind im Internet über http://www.d-nb.de/ abrufbar.

Die im Buch veröffentlichten Aussagen und Ratschläge wurden von Verfasserin und Verlag sorgfältig erarbeitet und geprüft. Eine Garantie für das Gelingen kann jedoch nicht übernommen werden, ebenso ist die Haftung der Verfasserin bzw. des Verlags und seiner Beauftragten für Personen-, Sach- und Vermögensschäden ausgeschlossen.

Die in diesem Buch enthaltenen Informationen, Anregungen und Ratschläge stellen die Meinung und Erfahrung der Autorin dar, basierend auf dem aktuellen Stand wissenschaftlicher Erkenntnisse. Sie wurden von der Verfasserin nach bestem Wissen und mit größter Sorgfalt recherchiert. Dennoch erfolgen alle Angaben ohne Gewähr und es kann keine Garantie übernommen werden. Das Buch kann eine persönliche Beratung oder kompetenten medizinischen Rat nicht ersetzen. Weder Autorin noch Verlag können für eventuelle Schäden oder Nachteile, die sich aus den im Buch enthaltenen Hinweisen ergeben, eine Haftung übernehmen. Jeder Leser und jede Leserin ist nach wie vor für das eigene Tun selbst verantwortlich.

EIN BUCH DER EDITION MICHAEL FISCHER

1. Auflage 2020

Covergestaltung: Luca Feigs

Redaktion: Martin Lagoda

Projektmanagement und Lektorat: Alexandra Baier

Layout: Rebecca Leiner

Fotos: Tina Bumann, Bretten; außer S. 3, 4 (Joshua Resnick/shutterstock)

Illustrationen: S. 9, 18, 27, 29, 31, 32, 34, 36, 39, 73, 103, 125 (alongzo/shutterstock)

ISBN 978-3-96093-696-1

Printed in Slovakia

www.emf-verlag.de